PESQUISA *qualitativa* PARA TODOS

Dados Internacionais de Catalogação na Publicação (CIP)
(Câmara Brasileira do Livro, SP, Brasil)

Taquette, Stella R.
    Pesquisa qualitativa para todos / Stella R. Taquette, Luciana Borges. – Petrópolis, RJ : Vozes, 2020.

Bibliografia.
ISBN 978-85-326-6293-4

    1. Pesquisa – Metodologia 2. Pesquisa qualitativa
I. Borges, Luciana. II. Título.

19-29367   CDD-001.4

Índices para catálogo sistemático:
1. Pesquisa qualitativa   001.4

Cibele Maria Dias – Bibliotecária – CRB-8/9427

PESQUISA qualitativa PARA TODOS

STELLA R. TAQUETTE
LUCIANA BORGES

EDITORA VOZES

Petrópolis

© 2020, Editora Vozes Ltda.
Rua Frei Luís, 100
25689-900 Petrópolis, RJ
www.vozes.com.br
Brasil

Todos os direitos reservados. Nenhuma parte desta obra poderá ser reproduzida ou transmitida por qualquer forma e/ou quaisquer meios (eletrônico ou mecânico, incluindo fotocópia e gravação) ou arquivada em qualquer sistema ou banco de dados sem permissão escrita da editora.

CONSELHO EDITORIAL

Diretor
Gilberto Gonçalves Garcia

Editores
Aline dos Santos Carneiro
Edrian Josué Pasini
Marilac Loraine Oleniki
Welder Lancieri Marchini

Conselheiros
Francisco Morás
Ludovico Garmus
Teobaldo Heidemann
Volney J. Berkenbrock

Secretário executivo
João Batista Kreuch

Editoração: Elaine Mayworm
Diagramação: Sheilandre Desenv. Gráfico
Revisão gráfica: Alessandra Karl
Capa: HiDesign Estúdio

ISBN 978-85-326-6293-4

Editado conforme o novo acordo ortográfico.

Este livro foi composto e impresso pela Editora Vozes Ltda.

Agradecimentos

A elaboração deste livro foi possível graças à experiência adquirida na disciplina de Introdução à Metodologia de Pesquisa Qualitativa que ministramos nos últimos 10 anos a discentes de pós-graduação *stricto sensu*, nível mestrado e doutorado. Agradecemos aos nossos alunos o aprendizado que obtivemos por meio do *feedback* das avaliações da disciplina, das dúvidas e questionamentos durante o curso e dos projetos de pesquisa qualitativa que construíram como trabalho final.

Além dos alunos, nossa musa inspiradora do campo qualitativo, Profa. Maria Cecília de Souza Minayo, que, com seus livros, artigos, palestras e supervisão de pós-doutorado de uma das autoras, nos proporcionou conhecer com mais profundidade os fundamentos dos estudos compreensivos. Ela foi e é a nossa principal referência acadêmica em metodologia qualitativa, e somos eternamente gratas. Agradecemos também a outros colegas pesquisadores do campo qualitativo que nos influíram através dos diálogos que mantivemos em congressos, em discussão de artigos, em projetos de pesquisa, como Egberto Ribeiro Turato, professor titular da Unicamp, Lilia Blima Schraiber, professora-associada da USP-São Paulo, e Wilza Vieira Villela, livre-docente da Unifesp.

Aprendizado maior obtivemos na nossa prática científica, realizando entrevistas, grupos focais, observação participante com os nossos sujeitos de pesquisa, a quem anonimamente agradecemos.

Por fim, nossa profunda gratidão ao Professor Claudio Fernando Mahler, titular da Coppe-UFRJ, pelas valiosas sugestões fornecidas após leitura crítica dos originais do livro.

As autoras

Sumário

Apresentação, 11

Prefácio 1, 17
   Maria Bicudo

Prefácio 2, 21
   António Pedro

I – Processo histórico de produção de conhecimento: do mítico ao científico, 27
   Introdução, 27
   Evolução do conhecimento, 29
      1 Idade Antiga, 29
      2 Idade Média, 34
      3 Idade Moderna, 35
      4 Idade Contemporânea, 39
   Crise da ciência, 41

II – Métodos qualitativos e quantitativos: conceitos, aproximações e divergências, 49
   Introdução, 49
   Tipos de pesquisa, 50
   Convergências e divergências entre os métodos, 54
   Integração quanti-quali: é possível?, 55
   Críticas ao método qualitativo, 56

III – Fundamentos teóricos da pesquisa qualitativa, 61
   Aspectos gerais, 61
      1 Ciência: algumas considerações, 61
      2 Pesquisa científica: breve retrospectiva histórica, 62
      3 Nascimento das Ciências Sociais, 64
      4 Teorias sociais, 65

Macroteorias das Ciências Sociais, 66
  1 Positivismo, 66
    1.1 Principais características, 66
    1.2 Críticas ao Positivismo, 67
  2 Compreensivismo, 68
    2.1 Principais características, 68
    2.2 Teorias compreensivas, 68
  3 Marxismo, 69
    3.1 Principais características, 69
    3.2 Dialética marxista, 71
  4 Pensamento Sistêmico, 71
    4.1 Principais características, 71
    4.2 Premissas metodológicas, 72
Teorias sociais e práticas em saúde, 73

IV – Ciclo da pesquisa qualitativa, 79
Introdução, 79
Fase 1: Determinação do problema, 80
Fase 2: Organização da pesquisa, 83
Fase 3: Execução da pesquisa de campo, 84
Fase 4: Redação do relatório de pesquisa, 86

V – Técnicas e instrumentos de coleta de dados e plano amostral, 93
Introdução, 93
  1 Revisão bibliográfica/documental, 94
  2 Entrevista, 95
    2.1 Conceito, 95
    2.2 Características das entrevistas, 95
    2.3 Tipos de entrevista, 96
    2.4 Planejamento da entrevista, 97
    2.5 Habilidades necessárias para uma boa entrevista, 98
    2.6 A entrevista, 100
    2.7 Amostragem e representatividade, 102
  3 Etnografia/observação participante, 103
    3.1 Conceitos, 103
    3.2 Características da observação participante, 104
    3.3 Cuidados necessários antes da entrada no campo, 105
    3.4 Entrada no campo de pesquisa, 106

    3.5 Registro das atividades – diário de campo, 107
    3.6 Saída do campo, 107
  4 Grupo focal, 108
    4.1 Conceito, 108
    4.2 Finalidades de um grupo focal, 109
    4.3 Características do grupo focal, 109
    4.4 Registro do grupo focal, 110

VI – Análise de dados, 117
  Aspectos gerais, 117
  Bases do tratamento de dados qualitativos, 120
  Descrição dos dados, 121
  Análise, 121
  Interpretação, 124
  Abordagens do material qualitativo, 125
    1 Análise de conteúdo, 125
    2 Análise do discurso, 126
    3 Análise hermenêutica e dialética, 127
    4 Análise clínico-qualitativa, 129
    5 Análise de narrativas, 130
    6 Análise pela Teoria Fundamentada nos Dados (*Grounded Theory*), 132
  Uso do computador na análise de dados textuais, 133

VII – Validade, confiabilidade, reprodutibilidade e triangulação, 139
  Introdução, 139
  Conceitos de validade, confiabilidade e reprodutibilidade, 141
  Aferição da validade e confiabilidade, 144
  Triangulação, 148

VIII – Aspectos éticos da pesquisa qualitativa, 155
  Surgimento das normas éticas em pesquisa com/em seres humanos, 155
  Ética em pesquisa no Brasil, 157
  Ética em pesquisas qualitativas, 158

IX – Construção de um projeto de pesquisa qualitativa, 165
  Pesquisa científica, 165
  Projeto de pesquisa, 165
  Elaboração de um projeto de pesquisa, 167
  Elaboração de um protocolo de pesquisa, 168

X – Construção de um relatório/artigo de pesquisa qualitativa, 175
Introdução, 175
Itens de um relatório/artigo, 176
   1 Resumo, 176
   2 Introdução, 176
   3 Métodos, 177
   4 Resultados, discussão e conclusões, 178
Diretrizes Rats e Coreq, 179

XI – A teoria na prática, 185
Introdução, 185
Pesquisas qualitativas publicadas, 186
   1 Ciências da Saúde, 187
   2 Ciências Humanas, 195
   3 Ciências Sociais e Aplicadas, 197
Projetos de pesquisa qualitativa, 198
   1 Ciências da Saúde, 199
   2 Ciências Biológicas, 203
   3 Ciências Humanas, 203
   4 Ciências Sociais e Aplicadas, 204
   5 Engenharias, 205

Considerações finais, 205

Apresentação

Começamos esta apresentação pegando emprestado um trecho da poesia "Ressalva", de Cora Coralina, na abertura do livro *Poemas dos becos de Goiás*[1]:
> Versos... Não.
> Poesia... Não.
> Um modo diferente de contar velhas histórias.

Com ousadia fazemos uma paródia deste verso para falar do que nós, as autoras deste livro, oriundas da área das Ciências da Saúde e não das Ciências Sociais (*lócus* de nascimento dos métodos qualitativos), pretendemos ao escrever esta obra: "Um livro denso e teórico de pesquisa qualitativa escrito por experts em Ciências Sociais..." *Não*. "Um manual prático de técnicas de pesquisa qualitativa..." *Não*. "Um modo de ensino e aprendizagem em pesquisa qualitativa advindo do estudo intenso da teoria, e da prática de investigações qualitativas, em busca de respostas às numerosas inquietações que o exercício da clínica nos despertou e desperta, e que não encontram soluções com pesquisas de natureza quantitativa."

O livro pretende ser útil a pesquisadores de diversas áreas do conhecimento além da saúde, que em suas práticas de pesquisa se deparam com questões que não têm respostas somente em números. Ele parte da experiência de quase 30 anos de atividade de pesquisa e ensino das autoras e de suas leituras e reflexões sobre os temas: conhecimento e metodologia de pesquisa científica. A motivação para este livro surgiu principalmente da demanda e do interesse dos alunos que participam da disciplina Introdução ao Método de Pesquisa Qualitativa em Saúde, ministrada anualmente pelas autoras a estudantes de pós-graduação *stricto sensu*. Tem como ponto

---
1. Coralina C. Poemas dos becos de Goiás e estórias mais. 5. ed. São Paulo: Global; 1984. p. 41.

de partida a percepção de uma demanda de aprendizado por parte de pesquisadores que desejam fazer pesquisa com método qualitativo, mas lhes faltam conhecimentos de base humanista necessários para tal empreendimento. Em geral, esses pesquisadores, mestrandos e doutorandos, vêm de cursos de graduação predominantemente técnicos, cujas grades curriculares não contemplam disciplinas das Ciências Humanas, essenciais para a compreensão e interpretação de dados qualitativos.

Outra motivação para a elaboração desta obra foi o árduo caminho percorrido pelas autoras na apropriação do método qualitativo para sua utilização em pesquisa de questões advindas das práticas em saúde. O campo da atenção à saúde é pleno de problemas de natureza subjetiva, implicados no contexto social e psicológico dos indivíduos, que se manifestam em sinais e sintomas. Doenças acometem pessoas, seres humanos que têm histórias, sentimentos, culturas, subjetividades. Uma mesma doença provoca sintomas diferentes em pessoas diversas. Pode ter evolução arrastada em uma, e rápida na outra. Pode levar ao óbito ou à cura, dependendo de quem está sendo acometido e da forma como é tratado. As inquietações que essas diferentes manifestações clínicas e evolução das doenças causam nos profissionais que as acompanham são inúmeras, e para elas não há respostas em números. É necessário compreendê-las e não quantificá-las.

Além do campo da saúde, pesquisadores de outras áreas de conhecimento de formação mais técnica, como Engenharia, Física e Química, entre outras, também vêm tentando se apropriar do método qualitativo quando se deparam com questões da prática profissional que envolvem seres humanos.

Várias barreiras e desafios se apresentam para quem não tem formação na grande área das Ciências Humanas e pretende usar em suas pesquisas métodos qualitativos. A primeira delas é a hegemonia do método quantitativo na ciência. Nas pesquisas em saúde observa-se a não valorização do método qualitativo enquanto um caminho possível de se produzir conhecimento científico. Muitos pesquisadores da área da saúde, pelo desconhecimento do método qualitativo, consequente de lacunas na formação acadêmica, não consideram científico um estudo desenvolvido com esse tipo de abordagem. Tais pesquisadores analisam os estudos qualitativos dentro da lógica positivista dos métodos quantitativos e qualificam como viés a interação do pesquisador com os sujeitos no campo de pesquisa e a subjetividade das questões que aborda. Criticam o reduzido tamanho amostral, a falta de significância estatística e a impossibilidade de generalização dos dados. Na opinião corrente dos que defendem os métodos quantitativos como os únicos válidos, aquilo que não se pode provar com testes estatísticos não é confiável. Para eles, estudo feito com amostras pequenas de indivíduos não pode ser generalizado, não é útil para a população, apenas responde a questões particulares de alguns.

Outra barreira no uso dos métodos qualitativos é a escassez de recursos disponíveis para pesquisas dessa natureza. A hegemonia do quantitativo está presente nas agências de fomento à pesquisa, nas normas editoriais dos periódicos científicos nacionais e internacionais, nos conselhos de desenvolvimento científico e tecnológico, nas coordenações de aperfeiçoamento de pessoal de nível superior. Portanto, se você deseja fazer pesquisa qualitativa tem que enfrentar essa hegemonia. A chance de obter um financiamento é menor, a possibilidade de publicação em periódicos qualificados é reduzida.

O mau uso do método qualitativo por aqueles que ainda não se apropriaram de seus fundamentos e não comungam do rigor necessário para o desenvolvimento do estudo acaba por contribuir para a sua pouca valorização. A fraqueza teórica, metodológica e operacional que se observa em alguns trabalhos dá margem a críticas, pois a falta de austeridade no uso do método produz resultados de qualidade duvidosa. As abordagens inadequadas, a ausência de transparência no percurso metodológico e as falhas nas análises e interpretações geram desconfiança no leitor.

Diante disso, nos questionamos se aqueles pesquisadores que têm formação mais técnica, como médicos, dentistas, fisioterapeutas, enfermeiros, farmacêuticos, engenheiros, entre outros, são capazes de conduzir um estudo qualitativo com a competência necessária. Com certeza a resposta é positiva, entretanto, esses pesquisadores deverão recorrer a estudos complementares sobre teorias sociológicas, psicológicas e filosóficas que os auxiliem no trabalho interpretativo, assim como contar em suas equipes de pesquisa com profissionais das áreas de Ciências Humanas e Sociais que contribuam com o trabalho, tal como os pesquisadores que se utilizam de métodos quantitativos recorrem a profissionais do campo da Estatística nas suas análises. Também é importante que se diga que, nos estudos relacionados a objetos de pesquisa presentes na prática clínica com pacientes, a compreensão dos problemas nesse campo de pesquisa tem um nível de complexidade em termos sociológicos menor do que quando se está estudando populações ou agrupamentos humanos de diferentes culturas.

Vale destacar que, por outro lado, alguns estudos qualitativos na área da saúde, desenvolvidos por pesquisadores das Ciências Humanas, também sofrem críticas por estarem muito distantes da realidade vivida pelos sujeitos de pesquisa, por serem predominantemente teóricos e subjetivos, com pouca aplicação prática na saúde. Os cientistas sociais por vezes também têm dificuldade de compreender a lógica biomédica e por isso não conseguem contribuir para a solução dos problemas que se apresentam na prática.

Estamos propondo um livro de leitura agradável cujo conteúdo escrito emergiu das aulas das autoras no ensino do método a alunos de mestrado e doutorado. Primeiramente, ele pretende contribuir com o preenchimento das lacunas da formação, pois a grande maioria dos estudantes, além de não ter contempladas disciplinas de Ciências Humanas em seus cursos de graduação, também não teve a oportunidade de participar, enquanto estudantes, de projetos de pesquisa com método qualitativo. Em segundo lugar, instrumentalizar aqueles que desejam usar o método qualitativo em suas pesquisas, utilizando uma linguagem acessível, identificando e problematizando as principais dificuldades de quem faz pesquisa qualitativa.

O livro está dividido em 11 capítulos. O primeiro discorre sobre o processo histórico de produção de conhecimento, desde a Idade Antiga. Trata-se de uma introdução à filosofia da ciência, dando destaque à quebra de paradigma provocada por Galileu Galilei no século XVII, que deu origem à ciência moderna e ao surgimento do que hoje denominamos de conhecimento científico, diferenciando-o de outros tipos de conhecimento.

No segundo capítulo debatemos os confrontos e paralelos dos métodos quantitativos e qualitativos, destacando as riquezas e limitações de cada um. No capítulo seguinte, o terceiro, são abordadas as principais correntes de pensamento que embasam a pesquisa qualitativa: o Positivismo, a Sociologia Compreensiva, a Dialética marxista, e o mais recente, o Pensamento Complexo, entre outras macroteorias sociológicas.

Nos capítulos quarto e quinto iniciamos o ciclo da pesquisa qualitativa com suas técnicas e instrumentos de coleta de dados: observação participante, entrevistas individuais abertas, semiestruturadas e estruturadas, incluindo história oral e história de vida, narrativas e entrevistas em grupo. Nesse último são abordadas também questões relacionadas ao tamanho amostral em pesquisa qualitativa e ao registro de dados.

No sexto capítulo tratamos das diferentes possibilidades de análise dos dados, incluindo o uso de *softwares* de apoio. No sétimo capítulo abordamos as questões de validade, confiabilidade e reprodutibilidade da pesquisa qualitativa. Em seguida, no oitavo, discutimos sobre aspectos éticos dos estudos qualitativos para além do que é exigido pelos comitês de ética.

No nono capítulo elencamos o que é essencial na construção de um projeto de pesquisa qualitativa. Destaque é dado a como conceber um diário de campo e um roteiro que guiará as entrevistas individuais e em grupo. No décimo, tratamos sobre os passos necessários na elaboração de relatórios e divulgação de dados de pesquisas dessa natureza, com realce a algumas diretrizes usuais já existentes como Coreq[2] e Rats[3].

No décimo primeiro e último capítulo apresentamos resumos de algumas pesquisas recentes em que foi utilizado o método qualitativo e de projetos de pesquisa qualitativa, em variados campos de conhecimento, para mostrar a teoria apresentada na prática.

Vale ressaltar que, em nossa concepção, o processo de ensino-aprendizagem do método qualitativo de pesquisa é entendido como a construção ativa de conhecimento, na qual novas informações são integradas a conhe-

---

2. Allison T, Sainsbury P, Craig J. Consolidated criteria for reporting qualitative research (Coreq): a 32-item checklist for interviews and focus groups. International Journal for Quality in Health Care. 19(6): 349-357 [documento on-line; acesso em 14 set 2007]. Disponível em 10.1093/intqhc/mzm042

3. Biomed Central. Qualitative research review guidelines – Rats [documento on-line; acesso em 04 jun 2014]. Disponível em http://www.biomedcentral.com/authors/rats

cimentos prévios. Não se trata de um processo passivo em que o professor transfere seu conhecimento para o aluno, nem nossa proposta é a de treinar os leitores nas técnicas de pesquisa, mas sim o domínio da pesquisa numa perspectiva emancipadora e construtivista[4] para formar pesquisadores autônomos. Ademais, a pesquisa qualitativa, para alguns, exige algumas habilidades específicas que facilitam os profissionais/estudantes na prática investigativa: simpatia, humildade, criatividade, capacidade de lidar com os conflitos que surgem, compreensão, empatia, respeito pelo outro e honestidade nas ações. A experiência prática na participação em estudos de campo pode contribuir para aperfeiçoar essas habilidades.

Por fim, acreditamos que o ensino e a pesquisa caminham juntos e são indissociáveis. Consideramos que o fundamental no ensino do método de pesquisa é orientar o aprendiz a: refletir sobre questões de sua prática profissional; formular perguntas de pesquisa; e escolher adequadamente o caminho metodológico a ser seguido para o alcance de suas respostas.

Boa leitura! Esperamos que seja útil!

As autoras

---

4. Freire P. Pedagogia do oprimido. Rio de Janeiro: Paz e Terra; 1970.

Prefácio 1

Como o nome indica, trata-se de um livro de *pesquisa qualitativa* que, já em seu título, direciona o olhar daquele que o lê e que nele busca informações e compreensões com o complemento: *para todos*. Dirige-se, portanto, a todos. Todos, quem? Aqueles que ainda não adentraram o mundo da pesquisa qualitativa.

As autoras evidenciam suas preocupações com os pesquisadores que estão formando; tanto com seus alunos que estão com elas em disciplinas que tratam especificamente de pesquisa, como em orientações realizadas. De modo bastante simples e direto, buscam explicitar entendimentos a respeito de pesquisa qualitativa, trazendo, nos vários capítulos, discussões sobre conhecimento, ciência, verdade, rigor, ética e modos de investigar. Abordam diferenças entre ambos os modos de pesquisar: o qualitativo e o quantitativo, sem, no entanto, alongarem-se demasiadamente nas especificações dessas diferenças.

Ao ler o livro, a mensagem que veiculam fica clara: posicionam-se da perspectiva de quem olha para pesquisadores em formação, notadamente de áreas diferentes daquelas das Ciências Humanas, os quais não apresentam familiaridade com as questões da História da Filosofia em que sempre está presente a busca pela compreensão do conhecimento, no que concerne às perguntas postas e investigadas, bem como às da compreensão da realidade. Ainda que de modo breve as autoras apresentem um capítulo sobre um panorama dessa história, o que pode, em muito, contribuir com estudantes das áreas da saúde, nas quais trabalham mais diretamente. Mais do que isso, evidenciam uma missão didática. Têm por meta ensinar a respeito de pesquisa e de como realizá-la.

Evidenciam uma preocupação com os alunos e profissionais da área da saúde, reconhecendo a importância de eles se aproximarem da região de estudos das Ciências Humanas, uma vez que o campo de atuação daqueles profissionais é repleto de problemas humanos, de diferentes níveis e aspectos, como os biológicos, existenciais e sociais. Essa preocupação subjaz à escolha pela pesquisa qualitativa, pois entende que essa modalidade de investigação abre possibilidades para o profissional ampliar a abrangência do seu olhar, podendo vir a considerar a complexidade da realidade vivida pelas pessoas e da que ele próprio vive.

Enfatizam a prevalência da pesquisa quantitativa no âmbito da comunidade científica, com destaque para a da área da saúde. Com propriedade discutem esse fato, apontando os obstáculos e desafios enfrentados. Dentre eles, indicam a desvalorização desse modo de pesquisar e as críticas comuns e fortes levantadas contra a investigação qualitativa, como a questão do rigor, do quantitativo das amostras, da objetividade dos resultados. Didaticamente, discorrem sobre possibilidades de enfrentamento, trazendo exemplos de investigações assim realizadas.

Entendo como sendo importante no livro a maneira pela qual as autoras expõem procedimentos para a elaboração de projetos de pesquisa, falando do problema, da clareza de objetivos, dos procedimentos de construção de dados e respectivas análises, trazendo assim um rol amplo de modalidades de investigação e de análises. Para além desses aspectos, a relevância dessa obra se mostra, também, por apontar critérios para a elaboração de relatórios da investigação já efetuada. Muitos pesquisadores, principalmente os iniciantes, perdem-se ao realizar os relatos das pesquisas e, posteriormente, em transformá-los em artigos, comunicações científicas e em outros produtos, com o objetivo de divulgarem o investigado.

Considero este um livro importante e que vai ao encontro da formação de pesquisadores que se proponham a realizar pesquisa qualitativa. Eu o vejo como abrindo um amplo leque de atividades didáticas possíveis ao conduzir os alunos no trabalho de realizarem projetos, analisarem investigações já realizadas, porem-se em movimento de investigar, relatar e disponibilizar o feito, tornando-o público.

Meus cumprimentos às autoras pelo importante trabalho realizado e colocado à disposição neste livro.

Maria Aparecida Viggiani Bicudo
São Paulo, 08 de agosto de 2019.

Prefácio 2

A pesquisa qualitativa está presente nas diversas áreas das Ciências Sociais e Humanas, bem como é possível perceber seu notório avanço nas Ciências da Saúde, mostrando-se cada vez mais polissêmica e ambígua. Por outro lado, as abordagens qualitativas já superaram a concepção de mero "achismo", pautadas por um conjunto de expressões e significados, têm a potencialidade de produzir evidências a partir das inferências do pesquisador/investigador. Assim, apesar da subjetividade implícita, observa-se que as abordagens qualitativas têm caminhado para o uso da palavra que os mais reticentes e positivistas consideram como propriedade das abordagens quantitativas: RIGOR.

O pesquisador/investigador, ao definir as questões e os objetivos de pesquisa e construir o desenho metodológico de abordagem qualitativa, depara-se com imensos desafios relacionados com os referenciais epistemológicos, ontológicos, deontológicos, entre outros. Esses referenciais requerem do pesquisador a leitura crítica com vista à SISTEMATIZAÇÃO dos conhecimentos produzidos e reproduzidos pelas ciências.

Nessa perspectiva, considera-se que a capacidade de o pesquisador aprofundar a análise dos seus dados poderia depender apenas da junção de duas palavras: RIGOR e SISTEMATIZAÇÃO. Porém, as abordagens qualitativas implicam avanços e recuos como se estivéssemos a analisar os dados sentados num "baloiço" em constante movimento, movimento este que tende a reduzir com o avanço do trabalho realizado.

Quando citamos as palavras RIGOR e SISTEMATIZAÇÃO no contexto das abordagens qualitativas, também reforçamos a utilização de ferramentas digitais que surgiram com a finalidade de apoiar os pesquisadores no desenvolvimento das diferentes etapas de um projeto de investigação. Todavia, salienta-se que a ferramenta de trabalho primordial é o próprio pesquisador/investigador, pois este tem a capacidade para garantir que o tratamento e a análise dos dados seja conduzida de maneira RIGOROSA e SISTEMATIZADA, a fim de transmitir e transferir confiança e credibilidade para o leitor.

O livro aqui apresentado permite ao pesquisador situar-se no uso ou no conhecimento das abordagens qualitativas, ou seja, em que ponto está. Por outro lado, possibilita compreender a origem da pesquisa qualitativa e a respectiva comparação com a pesquisa quantitativa e, mais recentemente, o que se designa como pesquisa mista.

Não obstante a importância dos capítulos anteriores, a partir do quarto capítulo o leitor começa a compreender as fases de uma pesquisa qualitativa que não difere substancialmente de uma pesquisa quantitativa ou mista. A obra torna-se mais rica a partir do momento que toca, certamente, nas técnicas de recolha de dados mais exploradas – revisão bibliográfica, entrevista, observação e grupo focal – e associa com as técnicas de análise de dados apoiadas por *software* específico. A associação estabelecida entre as técnicas de análise e o *software* evidencia que o uso de ferramentas digitais permite, quando usadas de forma apropriada, imprimir RIGOR, SISTEMATIZAR e APROFUNDAR a análise dos dados. Quando o pesquisador se apropria do uso de um *software*, em que este será usado para dar resposta ao que foi definido no seu desenho metodológico, emergem outras possibilidades, apesar de serem realizáveis de maneira tradicional/manualmente, permitindo assegurar o que é apresentado no sétimo capítulo.

Os oitavo, nono e décimo capítulos são de uma importância sublime para os pesquisadores mais jovens, ainda com as suas inquietudes e dilemas, bem como para os mais experientes, como possibilidade de reflexão sobre aspectos, por vezes, negligenciados.

O último capítulo corrobora o que as autoras afirmam, ou seja, "o livro pretende ser útil a pesquisadores de diversas áreas do conhecimento além da saúde, que em suas práticas de pesquisa se deparam com questões que não têm respostas somente em números".

Em suma, este livro, pela sua estrutura e organização, é um excelente recurso para todos os pesquisadores, alicerçado no conhecimento tácito das suas autoras, Stella Taquette e Luciana Borges, que lhe conferem credibilidade.

António Pedro Costa
Centro de Investigação em Didática e Tecnologia na Formação de Formadores (CIDTFF) – Dep. de Educação e Psicologia
Universidade de Aveiro (Portugal)

I
Processo histórico de produção de conhecimento: do mítico ao científico

Luciana Borges e Stella R. Taquette

I
Processo histórico de produção de conhecimento: do mítico ao científico

Introdução

Este capítulo tem por objetivo discutir alguns conceitos sobre conhecimento, filosofia e ciência e mostrar a relação inseparável entre a produção de conhecimento e a vida em sociedade. Alguns momentos históricos foram marcantes na construção do pensamento científico. As diversas etapas duraram longos anos e a construção da ciência foi pavimentada por ideias e fatos sociais encadeados. Os diferentes momentos culturais e intelectuais da humanidade influenciaram o desenvolvimento da ciência e por ela foram influenciados, numa cadeia contínua de causa e efeito (Gottschall, 2004).

Mas, o que é conhecimento? O que é Filosofia? O que é Ciência?

A palavra conhecimento tem sua origem etimológica no latim *cognoscere*, cujo significado é conhecer, procurar saber. Segundo o *Dicionário Aurélio* (Ferreira, 2012), é "o ato ou efeito de conhecer; modo de agir ou de adaptar-se em relação a alguma coisa, adquirido a partir de uma análise racional das percepções desta; informação, ideia, experiência; conjunto de conhecimentos". Enfim, para esse autor, o conhecimento é o saber aplicado.

A Filosofia, por outro lado, tem sua origem etimológica na língua grega. É formada pela união de *philos*, que significa amor ou amizade, e *sophia*, sabedoria. Ou seja, filosofia é o "amor à sabedoria". É o caminho de busca do saber, é o estudo de problemas fundamentais relacionados à existência, ao conhecimento, à verdade, aos valores morais e estéticos, à mente e à linguagem. Muitos tratam os termos filosofia e conhecimento como sinônimos.

A ciência da forma como é concebida nos dias atuais tem sua origem na Idade Moderna, como será mostrado ao longo deste capítulo. Ciência ou conhecimento científico é aquele produzido por um método científico.

A busca por conhecimento é inerente aos seres humanos diante das inquietações que surgem no dia a dia de suas existências. Quem sou eu, quem é você, o que é uma pessoa, de onde vem o mundo, são exemplos de indagações existenciais dos seres humanos. Cada qual à sua maneira e à sua época procura responder aos questionamentos que a vida impõe. Em cada época da humanidade o conhecimento foi produzido de diferentes formas de acordo com a organização social e econômica do momento. Em consequência, existem diversos tipos de conhecimento, sendo o científico aquele considerado o mais valioso por grande parte da sociedade, pois consegue através de procedimentos controlados (método científico) dar respostas mais fidedignas aos problemas, e ser o propulsor do desenvolvimento tecnológico da sociedade.

Podem-se citar alguns tipos de conhecimento além do científico: mítico, popular ou senso comum, filosófico, teológico ou religioso, entre outros. Existem semelhanças e diferenças entre eles, mas todos procuram explicar a realidade. O conhecimento mítico é resultante de uma relação emocional e ilógica entre o sujeito e o objeto de conhecimento. É produto da imaginação e procura explicar os fenômenos que se apresentam na vida cotidiana. O conhecimento popular/senso comum é resultante da experiência espontânea do homem com o mundo que o rodeia. É assistemático e adquirido por meio da percepção dos fenômenos. É considerado impreciso e inexato, pois capta a realidade de forma superficial. Por isso é falível e acrítico, pois aceita explicações sem questionamentos. Já os conhecimentos filosófico e religioso são vistos por seus adeptos como infalíveis, sistemáticos e exatos, porém não são verificáveis, sendo o filosófico racional e, o religioso, inspiracional. O conhecimento científico é resultante do relacionamento sujeito-objeto através da mediação de métodos e técnicas. Tenta se aproximar do exato e preciso, mas é falível. É objetivo, sistemático, lógico e experimental. Pode ser verificado e tem a pretensão de ser universal.

Para compreender o que se considera hoje como ciência ou conhecimento científico, é necessário apreciar as circunstâncias em que surgiu, ou seja, investigar o seu passado e a sua história. Ao observar-se como o conhecimento evoluiu ao longo da história, pode-se perceber que a produção de ideias e de saber tem relação direta com a atividade material e com o comércio entre os homens.

Evolução do conhecimento

Para facilitar o raciocínio e de forma didática, os tempos da construção do conhecimento serão divididos em épocas históricas: 1) **Idade Antiga** – do período homérico (séc. XII a VIII a.C.) até o período greco-romano (séc. III a VI d.C.); 2) **Idade Medieval** – inicia com a queda do Império Romano (395 d.C.) e perdura por 10 séculos até a tomada de Constantinopla (1453 d.C.); 3) **Idade Moderna** – de 1550 a 1789, quando houve a Revolução Francesa; e 4) **Idade Contemporânea** (de 1789 até hoje).

1 Idade Antiga: do período homérico (séc. XII a VIII a.C.) ao período greco-romano (séc. III a VI d.C.)

No período homérico, nos primórdios da humanidade, tal qual se tem registro histórico, a mente humana não conseguia estabelecer uma relação causal entre os fenômenos. Por isso, o divino acabava sendo a explicação para inúmeras situações através do que se denomina hoje de pensamento mágico. É o surgimento do mito que passa a explicar o mundo. Xamãs, feiticeiros e sacerdotes atuavam como intermediários entre os humanos e os deuses. Estes controlavam a sociedade por serem os portadores do conhecimento religioso e inspiracional único, cujos esclarecimentos para os fenômenos eram inquestionáveis, o que fez o homem enveredar pelo caminho da magia e do sobrenatural (em alguns aspectos, até hoje!). Assim, pode-se ousar a pensar que estes personagens foram os primeiros investigadores e são os ancestrais primitivos do cientista, pois trabalhavam com poções, oferendas e preces numa perspectiva de acerto e erro, quase como um exercício empírico de entender e controlar as manifestações da natureza.

Há cerca de 2.700 anos, entretanto, os gregos destronaram o mito como verdade sagrada e o substituíram pelo *logus* ou estudo racional. Surge então naquela época um novo "sacerdote", o filósofo, que utiliza a razão para explicar o mundo através da filosofia. Para os filósofos, o prazer de pensar seria a essência da alma humana e, a aplicação desse pensamento, seu resultado. Foi na Grécia que nasceram os principais sistemas de pensamento do mundo antigo e a primeira sociedade não dominada pelos interlocutores do divino.

Na Idade Antiga, a organização econômica era comunal e não havia sobras, pois se produzia somente para o próprio consumo. A sociedade era escravagista e, o poder, exercido por imperadores e senhores. Com a evolução da sociedade e o aumento da produção, foi possível haver trocas e a expansão do comércio. Em consequência, novas cidades foram criadas proporcionando a união entre diferentes culturas, como a grega com a oriental.

Até o ano de 600 a.C. ainda se entendia o mundo através dos mitos e das diferentes religiões. Não havia racionalidade nas explicações. Com o passar do tempo houve uma evolução do pensamento, que de atrelado ao mito passou a ser construído sobre a experiência e a razão. O objetivo dos primeiros filósofos gregos era o de encontrar explicações naturais para os processos da natureza, por isso são frequentemente chamados de "filósofos da natureza" e porque se interessavam sobretudo pelos processos naturais. Queriam entender os fenômenos da natureza sem ter que recorrer aos mitos.

Seis séculos antes de Cristo, enquanto Índia, China e Pérsia fundavam grandes religiões, os gregos procuravam entender a natureza através da contemplação, buscando descobrir a racionalidade do mundo. Segundo Platão, a Filosofia nasce para dar conta da perplexidade humana. A eles foi dado o maior desafio: entender o universo sem ter nenhum conhecimento prévio acumulado. Tentaram explicar a natureza sem apelar para a tradição e ensinaram aos outros a tirar conclusões próprias pelo raciocínio, praticando intensamente a teorização. Algumas formas de pensar podem parecer grotescas hoje em dia, mas o exercício da razão é algo admirável, mesmo que muitos tragam teorias ilógicas sob a perspectiva atual.

No século VII a.C. surgem três filósofos que se tornam expoentes: Tales, Anaximandro e Anaxímenes, todos de Mileto, que formam o que se chamou de Escola Jônica ou Miletiana. Tales de Mileto é considerado por alguns como o "Pai da Ciência", pois sua doutrina é o primeiro esboço de um olhar sistematizado para a natureza, onde tenta deduzir fatos e dispensa explicações sobrenaturais. Anaximandro, seu discípulo, trabalhou com a lógica dos elementos naturais, esboçando os princípios da astronomia e dos corpos celestes (propôs o pensamento da Terra plana) e tentou explicar a origem do mundo e da vida. Anaxímenes apresentou ideias da não separação de realidades materiais e espirituais. Tudo seria uma coisa só.

Ao contrário dos jônicos que pensavam por prazer, os pitagóricos (seguidores de Pitágoras de Samos, século VI a.C.) fundaram uma congregação ético-científica que procurou se apoderar do poder político grego. As palavras "teoria", "cosmo" e "filosofia" são suas criações. É através deles que nasce a concepção de uma ordem natural expressa pela Matemática. A Geometria então é criada e, como pode ser observada, medida e deduzida, torna-se a principal forma de ligação entre o pensamento e a materialização do mundo. Alguns discípulos de Pitágoras estenderam a visão científica para os seres vivos e começam a dissecá-los, além de fazerem correlações das emoções com o sistema nervoso central e não com o coração. Pitágoras foi o primeiro pensador a juntar a Filosofia com a Matemática.

O ideal pitagórico foi contestado por Heráclito, que não acreditava no mundo imutável da Matemática e da Geometria. Defendia que a realidade é sempre uma contradição, uma reunião de opostos, pois uma garrafa pela metade pode estar meio cheia ou meio vazia, dependendo de como se olha. Heráclito pode ser considerado o pai da Dialética. Ele afirmou também que o mundo está em permanente mudança. Seu exemplo clássico é de que um homem não passa por um rio duas vezes, pois da segunda vez não será o mesmo homem nem o mesmo rio.

Demócrito de Abdera, no século V a.C., trouxe a visão mais revolucionária sobre o mundo físico da época, a partir da especulação mental, que foi a Teoria Atômica. Para ele, a formação dos corpos, vivos ou não, provém da combinação de elementos que ele denominou de átomos, considerados a menor porção da matéria.

Uma ideia embrionária sobre o que se considera ciência hoje começou a surgir através da Medicina e da Matemática pelas mãos de dois Hipócrates, o de Cós e o de Quios. Hipócrates de Cós (séc. V-IV a.C.), figura central da Escola Hipocrática, é responsável pela separação da arte de curar do curandeirismo mágico e começou a dar para a Medicina uma organicidade ética e disciplinar, com reunião de conhecimentos que vão do diagnóstico e tratamento ao prognóstico. Criou o método indutivo, baseado em resultados, e foi o primeiro médico ocidental a testar pela experiência a concepção racional dos filósofos. Ele começou a separar, portanto, a Medicina da Filosofia. Por outro lado, Hipócrates de Quios (séc. IV a.C.) sistematizou o conhecimento geométrico de seu tempo. Ou seja, ambos transferiram o pensamento racional para o comportamento prático e aplicado do conhecimento.

A complexidade social existente na Grécia deslocou a racionalidade para a análise do homem e sua conduta de uma forma ampliada. Com isso, surgiu nos séculos V e IV a.C. uma fase das mais importantes na construção do pensamento, estruturada por filósofos que sedimentaram grande parte do conhecimento humano: Sócrates, Platão e Aristóteles.

Sócrates foi um pensador puro, que não deixou nada escrito. Está associado com a construção da ética humana como fonte de conduta e de estudo, transformando a Filosofia numa forma de vida. Ou seja, modificou algo puramente racional em algo útil para o uso humano. Dizia não ter ensinamentos a oferecer, apenas interrogações a fazer. Seu método de questionamento colocou a Dialética no centro da Filosofia, num processo de perguntas e respostas. Seu maior mérito foi ter trazido à tona uma forma de educar que não se baseava em transmissão de verdades, mas orientando o aluno a descobrir seu próprio caminho e estimulando-o a desenvolver senso crítico.

Platão foi seu discípulo. Sua obra é uma síntese das principais correntes de pensamento do mundo helênico. Fundou a Academia, que pode ser considerada a primeira universidade do mundo e que durou cerca de 900 anos. Foi o primeiro filósofo cujas obras escritas sobreviveram. Criou uma separação completa entre o espiritual e o material, ao ver o mundo real como a sombra imperfeita de um mundo invisível, cujos arquétipos perfeitos permanecem apenas no campo do pensamento (Mito da Caverna). Nele, o mundo ideal se confunde com o divino. Daí, as experiências provindas da observação seriam inúteis. Sua filosofia se torna a pedra angular do pensamento cristão.

Aristóteles foi seu discípulo e se tornou o filósofo natural mais importante da história da humanidade. Rompeu com idealismo de Platão, acreditando que tudo que existe é matéria e depende da matéria para existir. Foi considerado o maior biologicista por mais de 2.000 anos. Para ele, só a experiência traz o conhecimento, que deve surgir do estudo da natureza. É o predecessor dos empiristas e talvez tenha sido o "construtor" da ciência como se concebe nos dias de hoje, pois reuniu, ordenou e sistematizou todo o conhecimento até o seu tempo. Pode-se chamá-lo de um protocientista. Em síntese, Sócrates perguntou, Platão pensou e Aristóteles pensou e observou. Até o momento, ninguém conhecido tinha experimentado.

Na Alexandria, nova cidade do Egito criada por Alexandre o Grande, discípulo de Aristóteles, foi constituído um grande centro de pesquisa – o Museu de Alexandria –, que promoveu avanços em diversos campos de saber. A Escola de Alexandria foi criada no século III a.C. e representou até meados do século I da era cristã o maior repositório de cultura e ciência da Antiguidade. Seu material foi posteriormente destruído ao longo dos séculos por diversos líderes, como César, e religiosos, cristãos e islâmicos, como forma de subjugar o conhecimento ao poder. De lá surgiram Herófilo, o pai da Anatomia humana, e Erasístrato, que criou a Fisiologia humana, influenciados por Platão e Aristóteles, os quais separaram a alma do corpo, o que permitiu que estudos em corpos humanos dissecados não fossem considerados profanação. Foi de lá também Euclides, matemático que escreveu a síntese da geometria grega e cujos axiomas e teoremas guiaram por séculos o raciocínio. Um grande matemático da Antiguidade, Arquimedes, também passou por Alexandria. Este filósofo, através de demonstrações práticas, vinculou formulações numéricas que podem ser ligadas a fatos reais.

O último grande pensador dessa época foi Galeno (séc. I e II d.C.), médico que estudou anatomia e fisiologia essencialmente em animais. Embora seus estudos tenham sido feitos em observações e não em experimentações, seus ensinamentos foram a base da Medicina até o século XVI, principalmente porque era um teleologista que acreditava que tudo fora feito por Deus, com propósito e finalidade e, portanto, não merecia ser contestado.

No final da Idade Antiga observa-se o fortalecimento do pensamento cristão e, isso fez com que a ciência retornasse à fase pré-observacional, onde a fé é mais importante que o raciocínio, pois tudo é determinado por Deus. Este idealismo cria o dogma, que cria uma única verdade: a divina.

2 Idade Média: da queda do Império Romano (395 d.C.) à tomada de Constantinopla (1453 d.C.)

O poder da Igreja que sobrepujou o Império Romano deu início a uma nova era. Com a progressiva escassez de mão de obra escrava, o Império Romano viveu uma grande crise, pois os senhores e imperadores aumentavam os impostos para manter seus privilégios, piorando a precária situação das pessoas comuns. As terras eram concentradas nas mãos de poucos, com criação dos feudos. A população foi ficando cada dia mais pobre, gerando revoltas sociais e desestabilização do Estado. Em meio a essa crise, a Igreja, com seu papel apaziguador de pregar igualdade entre os homens e com as doações e impostos que cobrava pela proteção espiritual, passou a enriquecer e a se empoderar. Além desse poder econômico e espiritual, ela também era detentora de saber e conhecimento que a maioria da população não tinha. Esse monopólio do saber, aliado ao seu poder econômico, permitiu o controle da produção agrícola e da veiculação do conhecimento.

Entre a queda do Império Romano (séc. IV) e a ascensão de Carlos Magno (séc. VIII), a Europa permaneceu num vácuo de conhecimento, onde o aprendizado, a cultura e a erudição desapareceram. Toda a verdade estava nas Escrituras Sagradas. Nesse período, a Biblioteca de Alexandria foi incendiada.

A filosofia cristã foi o mais absolutista e disciplinador sistema de pensamento por cerca de 1.500 anos, atenuando-se a partir do século XVII, mas mantendo-se até hoje como base do comportamento ético do mundo ocidental. A Igreja só aceitava as filosofias antigas a partir da adequação das mesmas à ética cristã.

Na Idade Média as explicações dos fenômenos eram subordinadas à crença de que foi Deus quem criou o mundo. O pensamento medieval conciliou a razão com a fé. Tudo era interpretado pela existência de Deus e isso era inquestionável. Os principais filósofos foram Santo Agostinho (354-430), bispo de Hipona, que adequou as ideias platônicas à Igreja (Patrística) nos primórdios da Idade Média, e Santo Tomás de Aquino (1225-1274), 8 séculos após, com a Escolástica, baseada no pensamento aristotélico. A Igreja desprezava o conhecimento contido nos livros. Seus líderes afirmavam que se os livros dizem o mesmo que as Escrituras Sagradas, são inúteis e, se dizem o contrário, mentem.

Na concepção religiosa, o universo era hierárquico e estático e, a Terra, o seu centro. Durante o período da Inquisição (tribunal da Igreja para combater aqueles que discordavam de seus dogmas, iniciado no séc. XII), os preceitos de Santo Agostinho de que fora da Igreja não havia salvação predominavam. Portanto, não se aceitava nada, exceto o que passava pelo crivo da fé. Esse pensamento representou por muitos séculos a maior força contrária ao conhecimento racional do mundo ocidental.

3 Idade Moderna: de 1550 a 1789

O fim da Idade Média foi marcado pela tomada de Constantinopla, capital do Império Bizantino, atual Istambul, pelo Império Otomano, em 1453. Durante os séculos XI e XIII as Cruzadas, movimento militar de cristãos em busca de conquistar novas terras, contribuíram para a intensificação do comércio e crescimento das cidades. As trocas de mercadorias e a ampliação da população nas cidades provocaram a fragmentação da sociedade feudal com a substituição da terra pelo dinheiro, suscitando a transição do feudalismo para o capitalismo e o fortalecimento da burguesia. Ao mesmo tempo, iniciou-se um equilíbrio entre religião, monarquia e Estado de justiça e de finanças. A suprema e incontestável autoridade da Igreja Católica começava a perder terreno com o avanço do humanismo. O movimento renascentista surgiu a partir de alguns eventos, tais como: a cultura trazida pelas invasões árabes; o intercâmbio de ideias oriundo das Cruzadas; o crescimento econômico do norte da Itália; as viagens marítimas portuguesas com seu comércio e descobertas; o surgimento do papel, vindo da China; o aperfeiçoamento da imprensa que barateou e difundiu os livros etc.

A ressurreição da Filosofia se baseou principalmente na tradição pitagórica renovada no Renascimento, através da disseminação da Matemática como a ciência capaz de explicar o mundo. Surgem a partir daí grandes observadores da natureza e matemáticos como Leonardo da Vinci, Copérnico, Kepler, Giordano Bruno. Este último, um monge renegado, foi queimado na fogueira por ser o maior divulgador desse pensamento filosófico, sem nunca ter sido um filósofo.

Foi nesse contexto que surgiu a ciência moderna no século XVII com Galileu Galilei, filósofo, físico e matemático italiano que viveu de 1564 a 1642. As descobertas de Galileu provocaram uma revolução. A filosofia se distinguiu da ciência tal qual é considerada nos dias de hoje, a partir dos experimentos de Galileu, como se pode ver adiante.

Ainda na Idade Média, as primeiras máquinas como os moinhos, o relógio, entre outros, passaram a ser utilizados em grande escala na Europa. Isso as tornou de grande importância no mundo e deu partida ao questionamento da ideia de que Deus era o criador de tudo o tempo todo. Na época, acreditava-se na existência de um Cosmo hierarquicamente ordenado em que todas as coisas tinham seu lugar "natural", sua ordem, e ali permaneceriam para sempre, como afirmava Aristóteles. Cada corpo era dotado de uma tendência a achar-se no seu lugar natural e a ele voltar, se dele era afastado pela força. Essa tendência explicava o movimento natural de um corpo.

Galileu derrubou esses princípios aristotélicos demonstrando que noções de movimento e de espaço não são tão simples quanto parecem. Observou o universo por meio de uma luneta e comprovou que o Sol é o seu centro, e não a Terra, contrariando os dogmas da Igreja. Passou a defender as ideias de Copérnico sobre o Sol como centro do mundo, contrário ao que era defendido pela Igreja. Isso significou questionar toda a filosofia cristã da época, que era o mesmo que questionar o poder da Igreja. Essa afirmação de Galileu custou sua condenação à morte na fogueira pela Igreja. Para não ser morto, Galileu teve que renegar suas descobertas publicamente. Mas, o "estrago" já estava feito, pois essa crise provocou grandes mudanças. Galileu escreveu seus livros em italiano e não em latim, o que possibilitou que um maior número de pessoas tivesse acesso às suas ideias. Suas obras incitavam as pessoas a fazer experimentações. Um dado curioso ocorreu na época com o Bispo Cremonini, amigo de Galileu, que não tinha coragem de olhar o telescópio para não ver alguma coisa que contradissesse suas teorias e crenças tradicionais.

Com o nascimento da ciência moderna, a fé e a contemplação não eram mais consideradas vias satisfatórias de se chegar à verdade. O homem moderno procurava dominar a natureza, enquanto o medieval e o antigo a contemplavam. Passou-se a utilizar a razão e experimentação (em contraposição à fé) na busca de conhecimento. Os pensadores começaram a se preocupar mais com a relação homem-natureza do que na relação Deus-homem. A utilização da razão e da experiência aos poucos foi se firmando num novo conhecimento, uma nova ciência que compreendia o universo não mais através da fé. O conhecimento da Era Moderna, portanto, tem como principais pilares a matemática e a experimentação.

Outros cientistas da época utilizaram métodos semelhantes na busca do conhecimento. William Harvey (1578-1657), baseado nas ideias de Vesálio, que refutava o pensamento de Galeno na Antiguidade, inaugurou na Medicina método rigoroso baseado em modelo matemático e de observação experimental. Por outro lado, a descoberta da circulação sanguínea marcou o nascimento da Fisiologia moderna e o renascimento da racionalidade do pensamento médico, adormecido desde o período hipocrático.

René Descartes (1596-1650) instituiu o princípio da dúvida, afirmando que só se pode dizer que existe aquilo que possa ser provado. Dizia que o ato de duvidar era indubitável! Embora fosse filósofo e matemático, não fez nenhuma expressiva descoberta científica, mas, através de seu método, sua filosofia e sua matemática, moldou os destinos da ciência. Francis Bacon (1561-1626) negou o método dedutivo aristotélico e sistematizou as bases do moderno método científico empírico-indutivo para buscar a verdade factual. Separou a ciência da metafísica, alegando que as explicações científicas são causais e não justificativas ou ideologias para propósitos ou metas. Marcelo Malpighi (1628-1694), através do uso de um instrumento criado por Anton van Leeuwenhoek (1632-1723), o microscópio, estudou a Medicina além do limite óptico, demonstrando que cada órgão apresenta estrutura própria e, consequentemente, função diferenciada. Durante a Idade Moderna, com o desenvolvimento das máquinas, passou-se a ter o entendimento de que o mundo funcionava como uma máquina. Em consequência, o corpo humano também passou a ser visto como uma máquina.

Isaac Newton (1643-1727) foi cientista, químico, físico, mecânico e matemático de grande importância para a evolução da ciência. Durante sua trajetória, descobriu várias leis da Física, entre elas, a da gravidade. Deu realidade ao sonho cartesiano de concepção da natureza como máquina perfeita regida por leis matemáticas exatas (leis universais do movimento), o que provocou o desaparecimento de Deus da Ciência. Laplace (1749-1827), astrônomo e matemático francês, estudou Cálculo Integral, Matemática Astrônoma e Cosmologia. São de sua autoria a teoria da gravitação, dos movimentos dos corpos do sistema solar e da dilatação dos corpos, que compõem a Equação de Laplace e a Lei de Laplace.

A Filosofia ou ciência antiga é contemplativa, qualitativa e essencialmente teórica e não experimental. A ciência moderna se diferencia da filosofia por ser experimental, quanti ou qualitativa, e prática. A ciência moderna é baseada em pesquisas que exigem teorias coerentes e comprováveis. A ciência desconfia da veracidade das certezas e procura apresentar explicações racionais e simples.

As principais características do pensamento moderno são: o racionalismo, em que o homem substitui o critério da fé e da revelação pelo poder exclusivo da razão de discernir, distinguir e comparar; o antropocentrismo, em que o homem é o centro dos interesses e decisões e não mais Deus, como era na Idade Média; e o saber ativo, em oposição ao saber contemplativo medieval, sendo que o conhecimento parte não apenas de noções e princípios, mas da própria realidade observada e submetida a experimentações.

Ao pensar sobre a diferença entre Filosofia e ciência moderna pode-se dizer que a Filosofia tem como base o pensamento sobre a totalidade, numa reflexão crítica sobre um objeto de conhecimento. A Ciência, por outro lado, tem como base a experiência sobre algo em particular, gerando uma reflexão crítica, fruto da comprovação de um fenômeno sobre um objeto real. Como já dito anteriormente, a Filosofia é a ciência "antiga" que tinha fundamentação teórica contemplativa e, portanto, não experimental. A ciência moderna se caracteriza por ter um componente experimental diante da realidade definida por um objeto. É, portanto, construída a partir de um método científico.

O que se denomina conhecimento científico hoje nasceu com a ciência moderna. A ciência é o conhecimento humano produzido através do método científico. É objetivo e suas conclusões podem ser verificadas por qualquer outro cientista se seguir o mesmo caminho. Permite a previsibilidade dos fenômenos e, com isso, possibilita um maior poder de transformação da natureza. O método científico inclui as concepções teóricas de abordagem do objeto em estudo e o conjunto de técnicas que possibilitam a construção da realidade. É variável conforme o objeto de pesquisa.

4 Idade Contemporânea: de 1789 até hoje

A passagem da Idade Moderna para a Contemporânea se dá com a Revolução Francesa. A ciência continuou evoluindo com uso de métodos de base matemática para o desenvolvimento de novas máquinas, alavancando novas tecnologias no descobrimento de fármacos, vacinas, entre outros. O corpo humano foi sendo estudado como tendo um mecanismo semelhante às máquinas: a Fisiologia, a Bioquímica, a Genética etc.

Esta era da história traz inúmeros cientistas que conduziram pesquisas e grandes descobertas, como Charles Darwin (1809-1882) e a Teoria da Origem das Espécies. Ao contrário do que se possa pensar, para alguns, a maior briga da ciência com a religião não foi aquela acontecida com Galileu, mas sim com esse naturalista, que desconstruiu o Criacionismo. Outros estudiosos merecem destaque, como Pasteur, Freud, Flemming, Mendel, Planck, Krebs, Marie e Pierre Curie, Watson e Crick e tantos mais, que embora não citados, construíram, ao longo de séculos e décadas, o pensamento científico contemporâneo.

Um destes foi Albert Einstein (1879-1955), físico e matemático, que desenvolveu a Teoria da Relatividade e a Física Nuclear. A Teoria da Relatividade mudou as concepções newtonianas sobre espaço e tempo absolutos. Criou o conceito de espaço-tempo curvo em vez de espaço plano e mostrou que matéria e energia são interconversíveis. Foi a maior marca científica do século XX e um choque na almejada certeza do homem sobre os fenômenos da natureza. Teorias euclidianas, cartesianas, newtonianas precisaram ser reformuladas. A ciência das probabilidades começou a fornecer melhores respostas.

O desenvolvimento da ciência provocou várias transformações na sociedade com consequências na organização política e jurídica e nos modos de produzir e comercializar. O avanço do capitalismo desestruturou tanto os fundamentos da vida material como as crenças e os princípios morais, religiosos, jurídicos e filosóficos do antigo sistema. O capitalismo deu origem a novas forças sociais e políticas que fizeram desaparecer as instituições feudais, a aristocracia, o campesinato, organizações artesanais etc. A propriedade comunal foi sendo usurpada por grandes proprietários pela força das armas e pelas novas leis. A modernização da agricultura expulsou os pequenos agricultores do campo, que foram para as cidades em busca de sobrevivência. As cidades cresceram desordenadamente. As consequências foram pobreza, alcoolismo, promiscuidade, violência. Houve proliferação de doenças devido à fome, falta de esgoto e água tratada, lixo acumulado, com consequentes altas taxas de mortalidade infantil, materna e da população em geral.

Na França, no início do século XIX, a expectativa de vida era de 38 anos e 44% da população não passava dos 20 anos. As condições de trabalho eram péssimas e se exploravam crianças, mulheres e aprendizes. Trabalhadores revoltados destruíam as máquinas que achavam que eram responsáveis pelas suas condições. Mudanças ocorreram também na instituição familiar e nas relações afetivas. Houve abolição do direito à primogenitura, surgiu o amor romântico e o casamento por escolha, e o reconhecimento da infância e da adolescência enquanto fases peculiares da vida.

Os cientistas passaram a se debruçar sobre os novos questionamentos surgidos na vida social em função das transformações ocorridas na Idade Moderna. Nesse cenário nasceram as Ciências Sociais, num esforço de entender essas mudanças, pois as ciências racionais da época não conseguiam encontrar respostas para os problemas sociais resultantes. A Revolução Francesa foi responsável por provocar um grande impulso no modo sociológico de pesquisar e interpretar a realidade. Havia confiança de que o uso da razão e do conhecimento poderia levar a humanidade a um patamar mais alto de progresso. Entretanto, as leis que governam os homens são diferentes das que regem o mundo físico, pois os homens são sujeitos a paixões, conforme expressou o filósofo francês Montesquieu (1689-1755).

O método científico da forma como foi concebido na ciência moderna baseado na razão, na matemática e na experimentação, que é reprodutível e permite a previsibilidade dos fenômenos, não se adequa a determinados questionamentos da realidade da vida em sociedade. As Ciências Humanas surgiram no intuito de responder a esses novos questionamentos e desenvolver um método científico capaz de lidar com a subjetividade dos fenômenos humanos e sua não regularidade por leis universais.

O grande desenvolvimento da sociedade provocado pela ciência e a possibilidade de comprovação dos experimentos científicos fez com que grande parte das pessoas considere o conhecimento científico como sendo o de maior valor e o único verdadeiro.

Crise da ciência

A grande importância e poder conferido à ciência na sociedade e o critério de demarcação entre o que é ciência e o que não é ciência são preocupações constantes dos cientistas e motivos de debates e discórdias. Na visão positivista da ciência, em que o conhecimento produzido é regido por leis universais, o rigor científico é garantido quando as conexões causais dos fenômenos podem ser demonstradas. Essa visão é a que permanece em quase todos os campos de conhecimento desde Galileu. O conhecimento científico é produzido através de um método que inclui observação, hipótese, experimentação, mensuração, análise e conclusão.

Uma das críticas constantes à ciência é sua pseudoneutralidade. Alguns cientistas advogam que para ser considerado ciência não pode haver interferência do pesquisador em seu experimento. As críticas a esta afirmação são muitas. Ao observar-se o passado, pode-se contatar que muitas certezas foram derrotadas. Elas mudam porque são históricas e dependentes do momento em que se vive. A imagem que se tem da ciência no mundo é uma interpretação feita por pessoas. Novas descobertas científicas provocaram quebras de paradigmas, como, por exemplo, as descobertas da Física Quântica, a formulação do Princípio da Incerteza, a Teoria da Relatividade, entre outras. Além das novas descobertas científicas, alguns pensadores já afirmaram que a crença na infalibilidade da ciência é uma ilusão. As teorias não são nem verdadeiras nem falsas, mas úteis.

No início do século XX, o Círculo de Viena, grupo de cientistas de diversas áreas, foi criado para debater e resolver problemas relacionados aos fundamentos da ciência. Eles questionaram as teorias científicas em seu caráter de verdade e afirmaram que o princípio da verificabilidade é que identifica o significado e as condições empíricas da realidade. Para ser ciência tem de ser possível sua verificação por qualquer outro cientista. Entretanto, houve dissidências no Círculo Viena. Para Popper, um dos componentes do grupo, o que garante a verdade do discurso científico é a sua condição de refutabilidade. Quando uma teoria resiste à refutação, ela é confirmada. Popper criticou também a Psicanálise e o Marxismo, cujos universos teóricos se restringem às explicações de seus idealizadores e não dão condição de refutabilidade.

Mais um pesquisador, Thomas Kuhn, se contrapôs a Popper dizendo que o desenvolvimento da ciência não se deu pelo ideal da refutação, e sim por revoluções ou crises que derrubam paradigmas, quando estes já não resolvem uma série de questões acumuladas. Feyerabend criticou todas as posições anteriores e defendeu o pluralismo metodológico. Para ele, nada substitui a criatividade do pesquisador. Afirmou que o único princípio que não inibe o progresso é o de que tudo é válido. De acordo com este cientista, o progresso da ciência está associado mais à violação de regras do que à sua obediência.

Outro embate contemporâneo a respeito da ciência se insere na relação entre a ciência e a cultura. Alguns avaliam que ambas são iguais, outros que a primeira orienta a segunda e terceiros consideram que a ciência destrói a cultura. A ciência moderna, na forma como foi concebida, pretendia que suas descobertas servissem de explicação para todos os fenômenos da natureza de forma racional. Substituiu o mundo de qualidade e percepções sensíveis pelo mundo da quantidade, no qual não há lugar para o ser humano, separando a ciência da vida, da cultura. Porém, a ciência não pode negar a pertinência e o interesse dos diversos pontos de vista no estudo dos fenômenos, em particular os das Ciências Humanas, da Filosofia e da Arte. Portanto, há que considerá-las na produção de conhecimento científico.

Na atualidade, no século XXI, o mundo atômico e subatômico está sendo explorado e novos paradigmas estão surgindo. Um deles é a Teoria da Complexidade, que vê o mundo orgânico, holístico e ecológico, em que o universo deixa de ser uma máquina composta por uma infinidade de objetos e passa a ser um todo dinâmico, indivisível, com partes essencialmente inter-relacionadas e entendido como um modelo do processo cósmico.

De acordo com Minayo (2013), a Ciência é a forma hegemônica de construção da realidade, considerada por muitos críticos como um novo mito, por sua pretensão de ser critério de verdade. No entanto, a Ciência não é a única forma de expressão do conhecimento da realidade e nem é conclusiva ou definitiva, pois tudo é passível de mudança e de transformação. O desafio do conhecimento científico é a dedicação que se é exigida para construí-lo a partir de um questionamento permanente, tendo certeza de que a verdade não é terminante. O conhecimento científico deve ser oriundo de um método, cuja validação dos resultados deve ser feita a partir de pessoas que trabalhem com o mesmo tema (o que se denomina de "pares"). A atitude científica necessita ser desenvolvida numa perspectiva de que não existem verdades absolutas, ou seja, o cientista deve desconfiar da veracidade das suas certezas. Ele não olha o mundo através das soluções, mas sim dos obstáculos e problemas que se fazem presentes no cotidiano. Procura explicações racionais, simples e claras para os fatos "incríveis" que encontra. E, às vezes, encontra respostas. O cientista é uma criança que não para de se perguntar o porquê das coisas, se renova e modifica suas verdades continuamente, sistematiza a busca do conhecimento e, acima de tudo, acredita que este é libertador.

Neste resgate histórico da produção de saber no mundo pode-se perceber que o conceito que se tem hoje de conhecimento científico surgiu na Idade Moderna e se refere a informações geradas a partir do método hipotético dedutivo, ou seja, sistemático, objetivo e reproduzível. Este é um conceito que se aplica às características das Ciências Naturais e Derivadas, cujo conhecimento é produzido através de métodos quantitativos. As Ciências Sociais, surgidas no final do século XIX, estudam questões de natureza subjetiva que são diferentes das pesquisadas pelas Ciências Naturais. Para isso, por vezes exigem um método diferente, que não procura uma explicação ou uma razão para o problema, mas a sua compreensão. Não é equacionado em números, e é denominado de método qualitativo. Por não se traduzir numericamente, os dados resultantes de investigações qualitativas não podem ser comprovados por meio de testes estatísticos e, por isso, muitas vezes são contestados quanto à sua confiabilidade. É necessário um novo olhar, teórico e conceitual e metodológico sobre o objeto da prática social, visto que dados produzidos por métodos quantitativos não são capazes de levar à compreensão em profundidade dos problemas que envolvem os seres humanos em sociedade.

Referências

Andery MA et al. Para compreender a ciência: uma perspectiva histórica. 3. ed. Rio de Janeiro: Espaço e Tempo; 1988.

Aranha MLA, Martins MHP. Filosofando – introdução à Filosofia. São Paulo: Moderna; 1993.

Ferreira ABJ. Mini Aurélio – o dicionário da língua portuguesa. Rio de Janeiro: Positivo; 2012.

Feyerabend P. Contra o método. Rio de Janeiro: Francisco Alves; 1989.

Gottschall CAM. Do Mito ao Pensamento Científico – a busca da realidade, de Tales a Einstein. Rio de Janeiro: Atheneu; 2004.

Guerra A, Freitas J, Reis JC, Braga M. Galileu e o nascimento da Ciência Moderna. São Paulo: Atual; 1998.

Japiassú H. O mito da neutralidade científica. Rio de Janeiro: Imago; 1975.

Japiassú H, Marcondes D. Dicionário Básico de Filosofia. Rio de Janeiro: Jorge Zahar; 1996.

Koyré A. Galileu e Platão. In: Koyré A. Estudos de história do pensamento científico. Rio de Janeiro: Forense Universitária; 1982. p. 152-180.

Kunh T. Estrutura das revoluções científicas. São Paulo: Perspectiva; 1978.

Minayo MCS. O desafio do conhecimento. Pesquisa qualitativa em saúde. 13. ed. São Paulo: Hucitec; 2013.

Prigogine I, Stengers I. A Nova Aliança – metamorfose da ciência. Brasília. Ed. UnB; 1991.

Quintaneiro T, Barbosa MLO, Oliveira MGM. Um toque de clássicos. Belo Horizonte: Ed. UFMG; 2017.

Russel B. História do pensamento ocidental: a aventura dos pré-socráticos a Wittsgenstein. Rio de Janeiro: Ediouro; 2001.

Trujillo Ferrari A. Metodologia da ciência. 3. ed. Rio de Janeiro: Kennedy; 1974.

II
Métodos qualitativos e quantitativos: conceitos, aproximações e divergências

Luciana Borges

II
Métodos qualitativos e quantitativos: conceitos, aproximações e divergências

Introdução

O método científico pode ser definido como o caminho a ser percorrido numa pesquisa para alcançar os resultados da melhor forma possível. Suas técnicas e instrumentos de coleta de dados devem ser adequados ao objeto em estudo que permita o alcance dos objetivos, responda as indagações da investigação científica e produza conhecimento válido. Inclui as concepções teóricas de abordagem, o conjunto de técnicas que possibilitem a construção da realidade, o potencial criativo do investigador e, como se pode supor, é variável conforme o objeto da pesquisa.

A partir da definição dos objetivos da pesquisa a serem alcançados, deve-se propor o método que mais se adeque à pergunta de pesquisa, ou seja, que seja capaz de respondê-la. Portanto, pode-se ter pesquisas com abordagem essencialmente quantitativa, pesquisas de natureza qualitativa ou, o que mais se indica, a utilização de estratégias múltiplas, que abordem o quantitativo e o qualitativo simultaneamente, para aumentar o espectro de visão e de interpretação da realidade, explorando diversas técnicas de coleta de dados (Serapione, 2000).

Para o desenvolvimento de uma pesquisa, independente de sua natureza metodológica, o fundamental é a dedicação do pesquisador ou da equipe de pesquisa, a observação da necessidade de rigor técnico na utilização do método e o questionamento permanente ao longo de todas as fases da pesquisa. Tal questionamento deve se dar pelo reconhecimento de que a verdade científica é uma construção contínua e nunca definitiva, onde os paradigmas são superados e novos surgem na medida em que as reflexões e estudos sobre um tema se aprofundam. Por fim, a validação dos resultados da pesquisa deve ser realizada por outros profissionais que trabalham com o tema (Demo, 1985).

Este capítulo se propõe a trazer conceitos básicos sobre os tipos de pesquisa e as convergências e divergências entre a metodologia qualitativa e a quantitativa. Ao final do mesmo são feitas algumas reflexões críticas sobre as limitações do método qualitativo.

Tipos de pesquisa

Do ponto de vista didático, as pesquisas são divididas segundo as seguintes características, de acordo com Gil (2010): a) quanto à abordagem, b) quanto aos fins, c) quanto aos objetivos, d) quanto aos meios, e e) quanto ao período de referência.

a) Quanto à abordagem

Quanto à abordagem, a pesquisa pode ser dividida em quantitativa ou qualitativa. A pesquisa qualitativa é aquela que se preocupa com um nível de realidade que não pode ser medido com números. Trabalha com o universo de significados, motivos, aspirações, crenças, valores e atitudes que não são captáveis ou perceptíveis exclusivamente por variáveis matemáticas. Lança mão de referenciais teóricos das Ciências Sociais. Por isso, falar em pesquisa qualitativa única e exclusivamente não diz tudo sobre o que se pretende de uma pesquisa. Suas formas de ver o mundo são variadas, dependendo dos "óculos" teóricos das Ciências Sociais utilizados para a interpretação dos dados: Positivismo, Marxismo, Sociologia Compreensiva, entre outros.

No modelo qualitativo, o conhecimento é produzido entre o sujeito e o objeto de conhecimento e há um vínculo indissociável entre o mundo objetivo e o subjetivo dos indivíduos. Ele trabalha a construção não estruturada dos dados, sem hipóteses previamente definidas, e busca o significado da ação segundo a ótica dos sujeitos pesquisados. O material de campo na pesquisa qualitativa não é coletado e sim produzido na relação com o pesquisador.

Na abordagem quantitativa, o estudo é de caráter experimental e matemático, tem predileção pelo fenômeno extenso e se caracteriza pela descrição empírica e pela medida e análise das variáveis. Não se propõe a compreender o fenômeno. Tem como pressuposto o cultivo do rigor científico, da objetividade e da neutralidade no ato investigativo. Atua em níveis de realidade quantificáveis e deve ser utilizado para abarcar grandes aglomerados de dados, de conjuntos demográficos, classificando-os e tornando-os inteligíveis por meio de variáveis. É orientado para a busca da magnitude e da causa do fenômeno social, sem interesse pela dimensão subjetiva. Utiliza procedimentos controlados, sendo, portanto, orientado à verificação hipotético-dedutiva, replicável e generalizável.

Da mesma forma que na pesquisa qualitativa, falar em pesquisa "quantitativa" não dá pistas sobre qual o desenho do estudo, se é experimental ou epidemiológico, e quais técnicas estatísticas utilizadas. Pode ser um ensaio clínico, um levantamento de dados, um estudo de incidência ou prevalência, um estudo de coorte ou caso-controle.

Ambas as abordagens traduzem, cada qual à sua maneira, as articulações entre o singular, o individual e o coletivo. No campo da atenção à saúde essa interação nas abordagens metodológicas é de grande utilidade, na medida em que o individual e o coletivo estão presentes no processo saúde-doença.

b) Quanto aos fins

Podem ser divididas em pesquisa básica e pesquisa aplicada. A pesquisa básica é orientada para o aprofundamento de um conhecimento científico que já foi estudado, no sentido de complementar alguma particularidade do estudo anterior. Pode ser pura (totalmente teórica) ou estratégica (possibilidade de construção de um conhecimento que seja útil para estudos práticos).

A pesquisa aplicada visa produzir um conhecimento que possa ser efetivamente aplicado na vida real, ajudando a alterar um fenômeno identificado.

c) Quanto aos objetivos

As pesquisas podem ser exploratórias, descritivas ou explicativas. A pesquisa exploratória é a que visa oferecer informações sobre o seu objeto e orientar a formulação de hipóteses. Consiste na realização de um estudo para a familiarização do pesquisador com o objeto que está sendo investigado. Visa a descoberta, o achado, a elucidação de fenômenos não aceitos, apesar de evidentes. Novos produtos e processos podem ser originados a partir das experimentações exploratórias.

A pesquisa descritiva é a que descreve, analisa e interpreta o objeto em estudo sem interferência do pesquisado. Pode ser uma análise documental, um levantamento, um estudo de casos.

Na pesquisa explicativa, além da descrição, análise e interpretação do objeto em estudo, tenta-se identificar as causas dos fenômenos. Visa ampliar generalizações, definir leis mais amplas, estruturar e propor modelos teóricos, relacionar ou propor hipóteses ou ideias por força de dedução lógica. Explica o porquê das coisas.

d) Quanto aos meios

Os meios de desenvolver pesquisa científica podem ser teóricos ou observacionais. As pesquisas teóricas podem ser:
- Baseadas em bancos de dados secundários, quando se utiliza bancos de dados de pesquisas ou de informações ainda não tratadas, geralmente de caráter público e de sistemas nacionais, regionais ou locais.
- Documental, quando não se restringe apenas a coleta de informações de caráter científico, podendo utilizar jornais, revistas, catálogos, protocolos, atas de reuniões, fotografias, portarias etc.
- Bibliográfica, que é obrigatória em quase todos os moldes de trabalhos científicos e consiste na coleta de informações a partir de textos, livros, artigos e demais materiais de caráter científico. Tem como foco analisar

os diversos ângulos de um mesmo problema, a partir dos pontos de vista de variados autores.

As pesquisas observacionais se dividem em:

- Experimental – comum em pesquisas desenvolvidas em laboratórios, onde o investigador tem o controle das variáveis e simula situações que deverão ser analisadas, para refutar ou aprovar hipóteses e teorias.
- De campo – é aquela onde o pesquisador vai até o ambiente natural do seu objeto de estudo; não existe controle das variáveis e o pesquisador se limita a observar, identificar e coletar dados sobre o que pretende estudar.
- *Ex post facto* – seu propósito é entender como um determinado fenômeno que ocorreu no passado foi capaz de alterar determinado grupo posteriormente. Objetiva identificar possíveis relações de causa e efeito entre um fato ocorrido e um fenômeno posterior. Os dados são coletados após a ocorrência do evento.
- Levantamento – visa verificar o comportamento de um determinado grupo e com isso generalizar um resultado, sem pretensão de detalhamento dos dados.
- Pesquisa-ação – é uma pesquisa de campo em que o investigador se envolve diretamente com o objeto de estudo para que ocorra uma mudança no meio. Ele identifica um problema, cria um plano de intervenção e depois analisa as alterações que ocorreram a partir do seu projeto.
- Participante – ao contrário da pesquisa-ação, o pesquisador tem interação com o ambiente que envolve seu objeto de estudo, porém não se propõe a ter um plano para interferir na realidade existente.
- Estudo de caso ou série de casos – consiste em profunda investigação sobre algum aspecto específico de um tema, relacionado ao indivíduo, a um determinado ambiente ou fenômeno. Não se propõe a ser generalizador, apenas para trazer luz àquela situação específica estudada.

e) **Quanto ao período de referência**
- Estudos longitudinais ou horizontais – analisam a amostra em estudo ao longo de um período de tempo, que pode ser do passado (retros-

pectivo) ou do futuro (prospectivo). A mesma variável, portanto, será observada várias vezes.

- Estudos transversais ou seccionais – são aqueles que analisam um fenômeno num dado momento, sem ter intenções de explicar ou descrever o que aconteceu antes ou depois daquele momento estudado. Geralmente são estudos de prevalência ou incidência.

Convergências e divergências entre os métodos

Os métodos quantitativos e os métodos qualitativos são igualmente úteis e devem ser adequados ao objeto de pesquisa. Contudo, são convergentes ou divergentes em diversos aspectos. Podem-se destacar diferenças nos objetivos, na tipologia da pesquisa, nos instrumentos de coleta de dados, nos tipos de dados que são coletados, na relação do pesquisador com o campo de pesquisa e no tamanho amostral (Minayo, 1993).

Nos objetivos, a pesquisa qualitativa pretende descrever realidades múltiplas, compreender e buscar significados para questões visíveis e invisíveis. Já a pesquisa quantitativa se propõe a encontrar relações entre variáveis, determinar causalidade, predição, controle e explicação para fenômenos específicos. Na pesquisa qualitativa não se busca estudar o fenômeno em si na vida das pessoas, mas entender o significado atribuído a ele pelas pessoas, tanto no nível individual quanto no coletivo. Os fenômenos da saúde e doença, por exemplo, têm representações diversas de acordo com o que cada pessoa pensa e como organiza sua própria vida (Turato, 2005).

Na pesquisa qualitativa os instrumentos de coleta de dados são: o estudo documental/bibliográfico, a observação, a entrevista individual ou em grupo (grupo focal). Na quantitativa são a observação direta, o questionário, os bancos de dados como o Sinan (Sistema Nacional de Agravos de Notificação), o Sinasc (Sistema de Informações de Nascidos Vivos), entre outros.

O principal tipo de dado da pesquisa qualitativa é textual, advindo da observação, das entrevistas, de documentos, notas de campo, biografias. Podem ser também imagens, fotografias. Na pesquisa quantitativa os dados são medidas, mensurações, estatísticas.

A pesquisa qualitativa implica uma relação mais próxima do pesquisador com o objeto de pesquisa em que há interação. Essa relação deve ser dialógica, reflexiva, de modo que seja possível entender o não visto, o não falado, o não explícito. Devido a essa interação, o pesquisador também é parte do que está sendo investigado. Na pesquisa quantitativa a interação é objetiva e descritiva do fenômeno.

O tamanho amostral na pesquisa qualitativa é pequeno, se comparado ao da quantitativa. A amostra não é casualizada e a escolha dos participantes é intencional para que preencha os critérios de inclusão. Já num estudo quantitativo a amostra deve ser ampla, estratificada, com apoio de grupos de controle, intencional ou aleatória, dependendo das variáveis necessárias para atingir os objetivos de pesquisa.

Integração quanti/quali: é possível?

A abordagem quantitativa ainda é a predominantemente valorizada nas pesquisas científicas, o que é facilmente verificado por ser parte majoritária das publicações. Mas, aos poucos, está havendo uma valorização e utilização mais intensa dos métodos qualitativos. Reconhecem-se mudanças na literatura científica, mas a preocupação com a quantificação ainda é a estratégia analítica predominantemente no meio científico. Na área da saúde valoriza-se mais os estudos experimentais e a epidemiologia, com pouco destaque para outras formas de representação do processo saúde-doença.

Segundo Serapione (2000), os métodos qualitativos são muito úteis nos estudos de objetos pouco conhecidos, pois têm a capacidade de observá-los por ângulos não possíveis de serem explorados pelos métodos quantitativos. Por vezes, um estudo quantitativo levanta questões ainda desconhecidas que precisam de um olhar mais aprofundado para serem equacionadas. Esses casos exemplificam a utilidade da integração entre os dois métodos.

A integração entre os métodos qualitativos e quantitativos pode ser observada também quando os primeiros são utilizados na construção de instrumentos de coleta de dados dos segundos. Por exemplo, quando se deseja estudar a qualidade de vida de uma determinada população, é necessário conhecer qual o conceito que seus integrantes têm a respeito de qualidade de vida. Para isso é necessário um estudo qualitativo, cujos achados poderão subsidiar o conteúdo do questionário a ser aplicado na população maior.

Os métodos quantitativos e qualitativos podem ser usados paralelamente para construir resultados de uma investigação, através dos seguintes mecanismos de integração:

- Predomínio de um dos polos: a análise ordenada de acordo com um dos dois métodos, sendo o outro uma etapa preliminar ou suplementar, essencialmente para a contextualização do estudo;
- Justaposição das abordagens: estudos feitos de forma independente e separada e depois comparados, buscando-se evidenciar convergências e divergências. São interessantes, porém ainda se mostram distanciados em sua análise, com equipes distintas para desenvolvimento dos passos da pesquisa;
- Método dialógico: onde há integração das duas abordagens, identificando-se as competências específicas e os campos comuns em todas as etapas do processo, através de uma construção e execução interdisciplinar do projeto e posterior triangulação da análise dos resultados.

A diferença de paradigmas entre os métodos quantitativo e qualitativo não justifica a incomunicabilidade científica. A integração entre os dois métodos é um grande desafio para a ampliação do olhar sobre o fenômeno observado. A coexistência de críticas mútuas é enriquecedora para ambos os estudos. A busca pela triangulação metodológica se faz necessária, principalmente no campo da saúde pública e da saúde coletiva, onde as fronteiras do biológico são frequentemente ultrapassadas, evidenciando a influência da experiência humana no adoecimento. A busca pela cura e a produção de cuidados exige respostas que se encontram nas esferas psicossociais, econômicas e políticas (Flick, 2009).

Críticas ao método qualitativo

Existem algumas questões que são pontos críticos nos estudos qualitativos. O mais emblemático é a crença de pesquisadores quantitativos de que existe falta de cientificidade no método qualitativo, que para eles não há objetividade nem neutralidade na abordagem qualitativa, principalmente devido à proximidade entre o sujeito e o objeto de pesquisa. Isso é um equívoco, pois a pesquisa qualitativa é de natureza diferente da quantitativa e não pode ser avaliada com os mesmos parâmetros da pesquisa quantitativa. As metodologias qualitativas são diferentes, assim como os instrumentos de coletas de dados e as teorias sociológicas, filosóficas e antropológicas que lhes dão sustentação. Além disso, a partir do momento que o pesquisador se envolve numa pesquisa, a proximidade do sujeito e do objeto já está estabelecida, mesmo em estudos quantitativos. Ou seja, a neutralidade da pesquisa científica é um mito (Serapione, 2000; Demo, 1985; Minayo, 1993).

Outra questão é acreditar que existe carência de representatividade e possibilidade de generalização dos dados, visto que a amostra na pesquisa qualitativa é pequena, não aleatória e não significativa estatisticamente. Uma das indagações frequentes se refere à representatividade da fala individual em relação a um coletivo maior. Pode-se então trazer aqui o conceito de *habitus*, do sociólogo Pierre Bourdieu, comentado por Minayo e Sanches (1993), que explica a falsa noção de que as opiniões das pessoas são únicas e individuais, pois cada sujeito, mesmo que não saiba ou não queira, produz e reproduz o modo de agir da sociedade da qual faz parte. Daí a possibilidade de se exercer, na análise da prática social, o efeito da universalização e da particularização, pois quando um indivíduo se expressa ele está, querendo ou não, falando por seu grupo social, ou seja, não está falando só por si, mas por muitos.

A pesquisa qualitativa não permite a generalização do conhecimento produzido, mas ele pode ser transferido para situações e contextos semelhantes. Por exemplo, caso se esteja estudando a sexualidade de jovens de uma determinada comunidade pobre, localizada na periferia de uma metrópole, com o objetivo de produzir conhecimento que possa ser utilizado em campanhas de prevenção de infecções sexualmente transmissíveis (IST), certamente as conclusões do estudo poderão servir de subsídios à prevenção de IST em jovens de outras comunidades semelhantes. Não se trata de generalização dos resultados, mas de transferência de conhecimentos, semelhante à jurisprudência no campo do direito. No capítulo VII deste livro esse tema é abordado com mais amplitude e profundidade.

Vale ressaltar que o rigor científico no uso do método em pesquisas quantitativas está igualmente presente nos estudos qualitativos. Sem dúvida, por ter um caráter descritivo e narrativo, a pesquisa qualitativa é geradora de dados em excesso, o que pode dificultar a organização e análise dos mesmos. Isso pode ser um problema, daí a necessidade do rigor metodológico em todo o processo da pesquisa no sentido de alcançar as respostas à pergunta que lhe deu origem, cuja eficácia depende da capacidade, responsabilidade e experiência do pesquisador.

Referências

Demo P. Ciências sociais e quantidade. In: Demo, P. Ciências sociais e qualidade. São Paulo: Almed; 1985.

Flick U. Qualidade na pesquisa qualitativa. Porto Alegre: Artmed; 2009.

Gil AC. Como elaborar projetos de pesquisa. 5. ed. São Paulo: Atlas; 2010.

Minayo MCS, Sanchez O. Quantitativo-qualitativo: oposição ou complementaridade? Cad. Saúde Públ. 1993; 9(3): 239-262.

Serapione M. Métodos qualitativos e quantitativos na pesquisa social em saúde: algumas estratégias para a integração. Ciência & Saúde Coletiva. 2000; 5: 187-192.

Turato ER. Métodos qualitativos e quantitativos na área da saúde: definições, diferenças, e seus objetos de pesquisa. Rev Saúde Públ. 2005; 39(3): 507-514.

III
Fundamentos teóricos da pesquisa qualitativa

Stella R. Taquette

III
Fundamentos teóricos da pesquisa qualitativa

Aspectos gerais

1 Ciência: algumas considerações

Quando se procura conhecer ou pesquisar determinado problema, mesmo que não se saiba nada sobre, ao olhar para ele faz-se por meio das próprias lentes oculares impregnadas pelo conhecimento anterior que se tem, pela visão de mundo de cada um. O que se está querendo dizer é que o olhar não é neutro, ele é enviesado pelas crenças e bagagem de informação que se dispõe. Um exemplo vindo das Ciências Biológicas: ao olhar no microscópio uma lâmina de um fragmento de tecido, o que se vê vai depender da noção anterior que se tem sobre o que está ali apresentado. Quem estiver vendo pela primeira vez talvez não veja nada de relevante, ou apenas algo como uma sujeira, e vai chegar a conclusões bem diferentes de quem já tinha antes visualizado outros fragmentos de tecido e pesquisado anos sobre o tema. O mesmo acontece ao se estudar fenômenos que envolvem seres humanos. A compreensão e a interpretação sobre o que está sendo pesquisado dependem do conhecimento anterior adquirido, dos interesses e visões de mundo, sendo essas historicamente criadas. Mesmo as Ciências Naturais, como a física e a biologia, são influenciadas pela ideologia, pela religião, por interesses e preferências pessoais como, por exemplo, na escolha dos temas estudados e das técnicas utilizadas.

Nas investigações que abarcam seres humanos e a sociedade, os saberes tanto do pesquisador como dos pesquisados estão implicados em todo o processo de conhecimento. O que um indivíduo fala sobre si mesmo é motivado pela cultura em que vive com suas tradições históricas, econômicas, sociais e religiosas. Estas lhe conferem um ponto de vista único e distinto. O olhar que os sujeitos têm de um determinado fenômeno é influenciado por questões de gênero, classe social, cor da pele, crenças políticas e religiosas. O conceito sobre a criminalização do aborto, por exemplo, de um indivíduo do sexo masculino, da classe pobre e com prática religiosa, é provavelmente muito diferente de uma pessoa do sexo feminino, da classe média e sem prática religiosa. Portanto, todo conhecimento tem que ser situado socialmente na cultura do observador e de quem está sendo observado e na visão de mundo e bagagem de informações que cada um carrega.

2 Pesquisa científica: breve retrospectiva histórica

Desde os primórdios da humanidade, por meio dos registros históricos, pode-se constatar que os seres humanos sempre fizeram indagações a respeito da vida, da natureza, das necessidades materiais de subsistência. Em cada época, a busca por respostas a essas indagações ocorreu de formas diversas. O modo de produção do conhecimento continuamente dependeu de como a sociedade estava organizada do ponto vista social e econômico. A produção das ideias acontece em resposta aos imperativos da vida, relacionados à atividade material, ao comércio entre os homens e sua consequente organização social.

A partir do que se compreende nos apontamentos históricos das diferentes épocas da humanidade pode-se perceber a evolução da produção do conhecimento. Na Idade Antiga havia a preocupação de se conhecer a racionalidade do mundo, dos fenômenos da natureza. Esses eram explicados por meio dos mitos e do saber popular. Os mais estudiosos, os "pesquisadores", buscavam outras respostas às indagações sobre o mundo exercendo a contemplação e a observação, procurando uma lógica sem precisar recorrer aos mitos. Eram conhecidos como filósofos da natureza. A organização econômica da época era comunal e, o sistema político, escravagista.

Os escravos trabalhavam para o bem-estar dos senhores e do imperador. Não havia sobras de mercadorias, ou seja, produzia-se o que se consumia. Não se comercializavam alimentos e produtos.

Essa organização social comunal durante os períodos de escassez de alimentos provocou grande insatisfação dos escravizados, pois para os senhores não faltavam alimentos. Os escravizados famintos eram acolhidos pela Igreja, a qual passou a ter grande influência daí em diante, início da Idade Média. Essas mudanças influenciaram a produção de conhecimento, o qual passou a estar atrelado à fé. No pensamento medieval, a resposta a todas as indagações passava pela existência de Deus, criador do mundo. O universo era considerado estático e, a Terra, o seu centro.

Somente mais de 10 séculos após, a partir do século XVI, com a crise econômica que provocou a transição do feudalismo para o capitalismo e o fortalecimento da burguesia, a fé deixou de ser considerada suficiente para explicação dos fenômenos e para dar respostas às inquietações do momento. No final da Idade Média e início do século XVII, Galileu Galilei (1564-1642), grande físico, matemático e filósofo italiano provocou uma crise ao questionar a capacidade da fé de dar solução aos questionamentos do homem. Por meio de uma experiência realizada com uma luneta construída com a junção de lentes, Galileu pôs em dúvida a concepção estática do universo quando afirmou que era o Sol o seu centro, e não a Terra. Galileu deu início a uma nova forma de produção de conhecimento ao usar instrumentos e ensaios. Até então, esta produção de saber era baseada na contemplação. A partir daí passou-se a utilizar a razão e a experimentação, em contraposição à fé, para dar soluções aos problemas.

A ciência moderna tinha como principais pilares a matemática, a experimentação, e era baseada no racionalismo (substituindo o critério da fé na explicação dos fenômenos), no antropocentrismo (Deus deixa de ser o centro de interesses e decisões, que passa a ser ocupado pelo homem) e o saber ativo (no lugar do saber contemplativo medieval). Pesquisadores contemporâneos a Galileu e que se seguiram a ele produziram conhecimentos de grande relevância para o mundo através da experimentação. O filósofo e matemático francês René Descartes (1596-1650) foi o criador da

Geometria Analítica e do Princípio da Dúvida ao afirmar que só se pode dizer que existe aquilo que puder ser provado. O físico inglês Isaac Newton (1642-1727) descobriu a Lei da Gravidade Universal, dentre outras grandes realizações científicas.

Houve grande desenvolvimento da sociedade a partir da ciência moderna com a invenção de máquinas que substituíram parte da força de trabalho humana e proporcionaram acentuado aumento e evolução da produção de bens. Este desenvolvimento das máquinas provocou uma mudança na visão do mundo e na visão do corpo humano. Ambos passaram a ser vistos como tendo o funcionamento semelhante a uma máquina. Hoje, portanto, o que é denominado de ciência ou de conhecimento científico nasceu na Idade Moderna com a revolução galileliana e o que o difere de outros tipos de conhecimento (religioso, popular, filosófico, entre outros) e o caracteriza é ser produzido através da experimentação de forma controlada e sistemática, ou seja, através de um método, adjetivado como científico, que pode ser reproduzido por outro pesquisador de forma semelhante. E o que se denomina de pesquisa científica é a atividade básica da ciência de indagação e construção da realidade. As questões que se investigam têm suas origens direta ou indiretamente nos interesses da sociedade. Toda pesquisa se inicia por meio de uma pergunta, uma questão, um problema que se quer responder, resolver. Os conhecimentos anteriores servem como base na busca da criação de novas respostas.

3 Nascimento das Ciências Sociais

Após essa breve retrospectiva histórica da produção de conhecimento pelo homem, pode-se perceber que a ciência surgida na Idade Moderna provocou mudanças amplas nas sociedades. Deu resposta a vários problemas, mas também novas inquietações foram surgindo à medida que o tempo evoluiu. Para esses novos problemas, nem sempre se obtiveram soluções. As Ciências Sociais nasceram na tentativa de dar respostas a essas novas inquietações numa sociedade cada vez mais complexa. As mudanças culturais resultantes dos processos de ordem econômica fizeram com que as correntes de pensamento de base individual crescessem.

A Revolução Francesa caracterizou o fim da Idade Moderna e foi responsável por provocar um grande impulso no modo sociológico de interpretar a realidade. Havia confiança de que o uso da razão e do conhecimento poderia levar a humanidade a um patamar mais alto de progresso. Montesquieu (1689-1755), filósofo francês, teve grande influência no nascimento das Ciências Sociais. Ele dizia que as leis que governam os homens são diferentes das que regem o mundo físico, pois os homens são sujeitos a paixões.

As Ciências Sociais entrelaçam várias disciplinas e se configuram num saber específico. Seus principais pensadores que deram as contribuições iniciais foram Karl Marx (1818-1883), Émile Durkheim (1858-1917) e Max Weber (1864-1920). Esses pensadores têm formas diferenciadas de ver o mundo e de interpretá-lo e se tornaram as referências clássicas das várias correntes de pensamento que embasam os métodos das Ciências Sociais, denominados de qualitativos e não baseados na matemática. Mais recentemente, no século XX, outra corrente de pensamento ganhou espaço na explicação da realidade, o pensamento complexo, raiz da Teoria da Complexidade de Edgar Morin (1921-).

As práticas em saúde são muito semelhantes às práticas das Ciências Sociais/Antropológicas, pois ambas lidam com gente, trabalham com crenças e valores e intervêm num processo contextualizado e amplo. As Ciências Sociais nasceram diante da necessidade de se compreender a sociedade que muda constantemente frente aos avanços tecnológicos. As Ciências da Saúde lidam com o indivíduo em sociedade, portanto, têm que compreender a lógica do paciente e da coletividade. Logo, o método qualitativo de pesquisa nascido com as Ciências Sociais é útil para dar respostas a várias questões do campo da saúde.

4 Teorias sociais

Teorias são conhecimentos construídos cientificamente sobre determinado assunto para explicar ou para compreender um fenômeno, um processo. São compostas por um conjunto de proposições que formam um discurso abstrato sobre a realidade. Segundo Popper (1972), são redes estendidas para capturar o mundo, racionalizá-lo, explicá-lo e dominá-lo. Há grandes teorias de autores de referência para interpretar a realidade, e teorias menores que interpretam fenômenos específicos, particulares. As grandes teorias são denominadas de quadros de referência e designadas por muitos como métodos específicos. Entretanto, nenhuma das linhas de pensamento sobre o social consegue explicar tudo, compreender a totalidade da sociedade. As correntes de pensamento fundadas junto com as Ciências Sociais, consideradas macroteorias (Positivismo, Compreensivismo, Marxismo), continuam presentes, atuantes e de forma concorrente nas análises referentes à relação saúde e sociedade. Elas nos mostram maneiras diferentes de enxergar o mundo e de compreender a sociedade.

Em todo tipo de pesquisa é importante se ter ciência da própria visão de mundo e a deixar exposta e clara, pois o conhecimento produzido é influenciado por ela. Todo conhecimento é produzido a partir de um conhecimento anterior. Então, é de fundamental importância se ter clareza desse conhecimento sobre o qual as descobertas científicas estão embasadas.

Macroteorias das Ciências Sociais

1 Positivismo

1.1 Principais características

Pode-se dizer que é a corrente filosófica dominante nas Ciências Sociais, Medicina e Saúde. Foi fundada por Auguste Comte (1798-1857) e aperfeiçoada por Émile Durkheim (1858-1917), ambos filósofos franceses. Durkheim é um dos fundadores da Sociologia e sofreu grande influência de Comte. Ele tentou aplicar os métodos das Ciências Naturais ao estudo dos fenômenos sociais. Para Durkheim o estudo dos fatos sociais deve ser realizado da mesma forma dos fatos naturais. Deve ser neutro e isento de valores, não misturando os sentimentos do observador com o que está sendo observado. Durkheim tentou olhar para o fato social de fora e de forma objetiva. Para ele, os fatos sociais são fenômenos que independem do indivíduo e exercem uma coerção sobre ele. Estão na sociedade desde antes de seu nascimento e ficarão após morrer. São regras que variam ao longo do tempo e não estão atreladas aos indivíduos.

Para o Positivismo, a realidade se constitui essencialmente naquilo que os sentidos podem perceber e sua principal hipótese é de que a sociedade humana é regulada por leis naturais em todos os campos, e o papel principal do cientista é descobri-las e ser objetivo. A principal influência do Positivismo nas Ciências Sociais é a utilização de conceitos matemáticos para explicar a realidade. Na filosofia positivista, o cientista social deve estar livre de juízo de valor e tentar neutralizar qualquer interveniência que possa lesar sua objetividade na explicação dos fenômenos. A postura positivista desconsidera a posição de classe, de valores morais e políticos e a subjetividade. Portanto, a distribuição de riquezas que geram as desigualdades sociais é resultante dessas leis. Exemplo: deve-se explicar aos proletários a lei e ensinar que os lugares que os trabalhadores ocupam são resultantes da natureza da organização social, e assim eles reconheceriam as vantagens da submissão e o fato de não terem que se preocupar com o governo da sociedade, pois este está sob o comando de pessoas mais sábias.

1.2 Críticas ao Positivismo

Durkheim imaginou uma sociedade parada e coesa e não dinâmica e em conflito e transformação. Ele diz ter que se tratar o fato social como "coisa" ou objeto para garantir imparcialidade ao estudá-lo. Sua visão da sociedade é mais ideal do que real. Não leva em conta a subjetividade do ser humano. É impossível ser neutro num processo de investigação.

A concepção de objetividade e neutralidade do Positivismo é a mesma da execução de estudos de cunho quantitativo. Ela desconsidera a análise do contexto, temendo contaminar a "pureza" dos dados com algum juízo de valor.

2 Compreensivismo

2.1 Principais características

A Teoria Compreensiva, Sociologia Compreensiva ou Compreensivismo tem Max Weber (1864-1920), sociólogo alemão, como seu maior expoente. Weber se opôs radicalmente ao Positivismo ao rejeitar a possibilidade de a ciência social reduzir a realidade empírica a leis para explicar os acontecimentos concretos, pois existe uma constelação de fatores que dão sentido a uma realidade particular. Para ele, confere-se significado a uma realidade histórica por meio de ideias de valor e não através do conhecimento de leis, conceitos gerais e princípios lógicos genéricos. A explicação de um fato em sua especificidade é dependente dos pressupostos que lhe deram origem. Para Weber, os conceitos genéricos extensos e abrangentes são pobres em conteúdo e afastados da realidade histórica. Portanto, não é possível explicar fenômenos por meio de leis que expressam regularidades quantificáveis. Os fenômenos individuais têm infinitos elementos desordenados. A Sociologia Compreensiva não se preocupa em explicar e sim em compreender o sentido que cada pessoa tem de sua própria conduta, e assim poder perceber como essa ação constrói a vida social.

Weber propôs que o sentido da vida social é subjetivo e a tarefa mais importante de sua Teoria Compreensiva é compreender a realidade humana vivida socialmente. Esta realidade é entendida como o que emerge da intencionalidade da consciência dos indivíduos voltada para o fenômeno. A pesquisa desenvolvida sobre o enfoque compreensivista procura resgatar os significados atribuídos pelos sujeitos ao objeto que está sendo estudado.

2.2 Teorias compreensivas

Alguns filósofos construíram as bases das chamadas ciências compreensivas e desenvolveram conceitos básicos que fundamentam a pesquisa qualitativa. Wilhelm Dilthey – filósofo alemão historicista (1833-1911) – ressalta que os fenômenos humanos só podem ser conhecidos intersubjetivamente, por meio de uma participação vivida do sujeito que se compreende nos fenômenos que busca compreender. Edmund Husserl – filósofo alemão (1859-1938) fundador da Fenomenologia – se opôs frontalmente ao Positivismo. Para ele, é necessário entender o fenômeno, a experiência, seu sentido e significado. Hans-Georg Gadamer – filósofo alemão (1900-2002) – afirmou que compreender é colocar-se no lugar do outro. Quem compreende deve partir do que observa, ouve, lê e ultrapassar seu interlocutor, pois esse tem apenas sua versão da história. O passado deve ser lido a partir do presente. Alfred Schütz – cientista social austríaco (1899-1959) – dizia que vivemos num mundo intersubjetivo em que as pessoas se comunicam de forma direta e indireta. A situação biográfica influencia os motivos, a direção e o modo como cada pessoa ocupa o espaço da ação social, se conduz e expressa sua linguagem.

A Sociologia Compreensiva também sofreu críticas por acreditar que tudo que as pessoas dizem sobre o real é de fato a realidade, valorizando de forma exagerada os aspectos subjetivos e empíricos na produção do conhecimento científico.

3 Marxismo

3.1 Principais características

Karl Marx (1818-1883) foi um pensador alemão profícuo que produziu uma obra eclética de grande relevância. Há dificuldade dos bibliógrafos em classificar a obra de Marx por área de conhecimento, já que ela abrange filosofia, economia, sociologia, entre outras. Marx tentou compreender a sociedade olhando para os seres humanos e suas necessidades materiais de sobrevivência, inseridos na história. Para ele, são essas necessidades que organizam os seres na sociedade. Ele levanta importantes questões teóricas de análise da sociedade capitalista vinculando-as à utilidade e às necessidades humanas. Harnecker (1969) ressalta a importância da influência dos trabalhos de Hegel no pensamento de Marx para desenvolver suas ideias sobre o Materialismo Histórico.

Aquilo que os homens são depende das condições materiais de sua produção. Para Marx, o primeiro fato histórico é a produção dos meios que permitem satisfazer as necessidades de sobrevivência (comer, ter um teto, vestir-se etc.), ou seja, a produção da vida material. Todos os seres vivos interagem com a natureza a fim de garantir sua subsistência. Atuam de forma inconsciente e não cumulativa. O homem age de forma consciente e produz independentemente de sua necessidade física. O ato de produzir gera novas necessidades.

A estrutura da sociedade depende do estado de desenvolvimento de suas forças produtivas e das relações sociais de produção (formas estabelecidas de distribuição dos meios de produção e do produto e o tipo de divisão social do trabalho numa dada sociedade e em um período histórico determinado).

A divisão social do trabalho expressa modos de segmentação da sociedade, ou seja, desigualdades sociais mais abrangentes como as que decorrem da separação entre trabalho manual e intelectual, ou entre "o trabalho industrial e comercial e o trabalho agrícola; e, como consequência, a separação entre a cidade e o campo e a oposição dos seus interesses".

Para Marx, a produção é a atividade vital do trabalhador, a manifestação de sua própria vida e, através dela, o homem se humaniza. Na apropriação por alguns (não produtores, empresas e Estado) de parcela do que é produzido socialmente, Marx desenvolveu sua concepção sobre classe, exploração, opressão e alienação. No passado as pessoas produziam o que consumiam, sem sobras, e a divisão do trabalho era natural pela força física, gênero e idade. Foi o surgimento do excedente de produção que permitiu a divisão social do trabalho, assim como a apropriação das condições de produção por parte de alguns.

Marx fez críticas às consequências da propriedade privada dos meios de produção: exploração da classe dos não possuidores, por parte da classe de proprietários, com limitação à liberdade e às potencialidades dos primeiros e desumanização de ambas as classes. Os possuidores dos meios de produção detêm o poder material e também o poder político e espiritual.

A obra de Marx tem um caráter abrangente, pois ela tenta, de uma perspectiva histórica, cercar o objeto de conhecimento por meio da compreensão de todas as suas mediações e correlações. Essa é a Dialética marxista e se constitui numa metodologia de análise da sociedade.

3.2 Dialética marxista

Na Dialética marxista, qualquer texto deve ser lido em função do contexto em que foi produzido na medida em que nada se constrói fora da história. Leva-se em consideração a cultura do indivíduo e sua posição diferenciada de classe social, que conferem ao sujeito uma forma peculiar de perceber e de reagir diante dos fenômenos que dizem respeito à vida e à morte.

Na abordagem dialética é necessária uma atitude crítica, dialogando com concepções opostas até se chegar a uma nova ideia. O exercício dialético considera como fundamento da comunicação as relações sociais que são historicamente dinâmicas, antagônicas e contraditórias entre classes, grupos e culturas. Uma mesma linguagem pode ter diferentes significados conforme a classe social. Interesses coletivos podem unir as classes e interesses específicos podem as contrapor.

As teorias de Marx são criticadas principalmente por ideólogos políticos e pelo caráter aparentemente simplista com que divide a sociedade em capitalistas e proletariados. A organização social atual é mais complexa. Porém, uma grande contribuição de Marx para a interpretação da sociedade foi mirá-la em seus mais diversos ângulos e mediações, contextualizada na história.

4 Pensamento Sistêmico

4.1 Principais características

O Pensamento Sistêmico surgiu no final do século XX e trata-se de um conjunto de propostas filosóficas teóricas e metodológicas que propõe ser uma ciência da totalidade ou dos todos organizados. É também denominado de Teoria da Complexidade, que se opõe à simplificação da realidade, Teoria Geral dos Sistemas, Pensamento Complexo, entre outros. Seu maior expoente é Edgar Morin (1921-), filósofo francês. O Pensamento Sistêmico é considerado um novo paradigma que integra todas as áreas do conhecimento. Propõe uma reflexão crítica ao pensamento científico moderno que, ao reduzir o todo às partes que o compõe, impossibilita a compreensão complexa da realidade. Um exemplo prático do reducionismo do pensamento científico cartesiano é a experiência que foi feita ao se solicitar a cinco sábios cegos que descrevessem um elefante. Cada um descreveu a parte que conseguiu tocar, totalmente diferente uma das outras, e somando-se todas não era possível se chegar a um elefante. No pensamento complexo sistêmico, o Sistema é um todo integrado cujas propriedades não podem ser reduzidas às propriedades das partes.

4.2 Premissas metodológicas

No paradigma sistêmico, a simplicidade dos fenômenos é substituída pela complexidade; a estabilidade e a regularidade são contrapostas à instabilidade do mundo dos seres vivos e a objetividade dá lugar à noção de intersubjetividade na constituição da realidade e de sua compreensão. Complexidade significa entrelaçamento de causas.

Na abordagem sistêmica ou da complexidade, o objeto de estudo tem que ser contextualizado, ou seja, visualizado dentro do sistema com suas interligações, conexões e redes de comunicação, tratando-o como parte de um todo. Sistema é um todo integrado cujas propriedades não podem ser diminuídas às propriedades das partes, e o pesquisador também é peça do sistema que está estudando. As soluções para os problemas são coconstruídas. É necessário apreender todas as facetas dos fenômenos, incluindo suas contradições.

O Pensamento Complexo parte dos acontecimentos simultaneamente complementares, concorrentes, antagônicos. Respeita as coerências diversas e, por isso, enfrenta e estuda a contradição. Traz a necessidade de apreender a multidimensionalidade, as interações e as solidariedades dos fenômenos. Para Morin, o Pensamento Complexo deve operar os movimentos da parte ao todo, do todo à parte, do objeto ao sujeito, do sujeito ao objeto. Ao recortar a realidade em fragmentos não complexos isolados, o pensamento simplificador destrói a contradição, algo tão importante ao pensar científico.

Muitos desafios se colocam ao Pensamento Sistêmico na saúde, entre eles: a integração entre a saúde coletiva e a individual; a articulação com as demandas ambientais e sociais; a incorporação das questões de gênero e raça de forma transversal; a conexão entre o quantitativo e o qualitativo; a transdisciplinariedade; e a participação de todos os envolvidos nas soluções dos problemas.

Teorias sociais e práticas em saúde

Pode-se observar no campo da saúde que a visão positivista da sociedade está fortemente presente. Por exemplo, na concepção de saúde e doença como fenômeno apenas biológico e individual, na valorização excessiva da tecnologia no enfrentamento dos problemas e na crença da capacidade absoluta da medicina de erradicar as doenças. A dominação corporativa dos médicos em relação aos outros campos do conhecimento, o tratamento subalterno que é dado aos outros profissionais de saúde, assim como o menosprezo pelo senso comum da população também representa forte visão positivista da realidade.

Ao se olhar as práticas em saúde com uma visão compreensiva, constata-se que o progresso tecnológico alcançado, a exemplo da indústria dos equipamentos médicos para diagnóstico e tratamento das doenças, não significou necessariamente a ampliação da saúde e do bem-estar da população brasileira. Por outro lado, observa-se uma crescente desigualdade entre ricos e pobres, poluição ambiental junto ao desequilíbrio ecológico e social nos grandes centros urbanos. Portanto, a ciência, em sua concepção positivista, como atemporal e isenta de valores é criticável, pois a atenção médica altamente especializada não tem significado melhoria da qualidade de vida da população como um todo. O autoritarismo da Medicina tem tentado cada vez mais controlar o corpo, os eventos da vida humana, os ciclos biológicos e a vida social, sem levar em consideração as características sociais e culturais dos indivíduos, além do que as lutas dos profissionais médicos estão mais voltadas para seus interesses corporativistas do que pela saúde da população.

Se a saúde for olhada do ponto de vista marxista, é preciso levar em consideração a cultura do indivíduo e sua posição diferenciada de classe social, pois estas conferem ao sujeito uma forma peculiar de perceber e de reagir diante dos fenômenos que dizem respeito ao seu bem-estar, à sua vida, à sua saúde, adoecimento e morte. Os movimentos sociais de posição marxista, através da participação nas Conferências da Saúde, tiveram grande atuação na conquista dos direitos à saúde na Constituição de 1988.

Ao adotar-se o Pensamento Sistêmico na saúde, as questões de saúde coletiva e individual têm que ser vistas em conjunto, assim como tem que haver a articulação entre as questões ambientais e sociais, com atuação transdisciplinar e não linear. A atuação no campo da saúde não pode prescindir de indicadores tanto quantitativos quanto qualitativos e adotar o conceito de gênero e raça de forma transversal, incluindo a participação de todos os envolvidos na solução dos problemas.

Referências

Andery MA et al. Para compreender a ciência: uma perspectiva histórica. 3. ed. Rio de Janeiro: Espaço e Tempo; 1988.

Aranha MLA, Martins MHP. Filosofando – introdução à Filosofia. São Paulo: Moderna; 1993.

Bicudo MAV, Klüber TE. A questão de pesquisa sob a perspectiva da atitude fenomenológica de investigação. Conjectura: Filos. Educ. (Caxias do Sul), 2013 set/dez; 18(3): 24-40.

Bosi MLM. Pesquisa qualitativa em saúde coletiva: panorama e desafios. Ciência & Saúde Coletiva. 2012; 17(3): 575-586.

Cano I. Nas trincheiras do método: ensino da metodologia das ciências sociais no Brasil. Sociologias. 2012; 14(31): 94-119.

Denzin NK, Lincoln YS et al. Pesquisa qualitativa. Porto Alegre: Artmed; 2006.

Foucault M. Microfísica do poder. Rio de Janeiro: Graal; 1979.

Geertz C. A interpretação das culturas. Rio de Janeiro: LTC; 2014.

Gil AC. Métodos e técnicas de pesquisa social. 6. ed. São Paulo: Atlas; 2016.

Harnecker M. Los conceptos elementales del materialismo histórico. 51. ed. México/Espanha/Argentina: Siglo XXI; 1985.

Koyré A. Galileu e Platão. In: Koyré A. Estudos de história do pensamento científico. Rio de Janeiro: Forense Universitária; 1982. p. 152-180.

Martins HHTS. Metodologia qualitativa de pesquisa. Educação e pesquisa (São Paulo). 2004; 30(2): 289-300.

Minayo MCS. O desafio do conhecimento. Pesquisa qualitativa em saúde. 13. ed. São Paulo: Hucitec; 2013a.

Minayo MCS. A produção de conhecimento na interface entre as Ciências Sociais e Humanas e a Saúde Coletiva. Saúde Soc. (São Paulo). 2013b; 22(3): 21-31.

Minayo MCS. Análise qualitativa: teoria, passos e fidedignidade. Ciência & Saúde Coletiva. 2012; 17(3): 621-626.

Minayo MCS. Los conceptos estructurantes de la investigación cualitativa. Salud Coletiva. 2010; 6(3): 2-9.

Minayo MCS. Hermenêutica/Dialética como caminho do pensamento social. In: Minayo MCS, Deslandes S, organizadores. Caminhos do pensamento – epistemologia e método. Rio de Janeiro: Fiocruz; 2002. p. 83-107.

Morin, E. Introdução ao pensamento complexo. Porto Alegre: Sulina; 2005.

Morin, E. O método II: a vida da vida. Porto Alegre: Sulina; 2001.

Popper KR. The logic of scientific discovery. Londres: Hutchinson; 1972.

Poupard J, Deslauriers JP, Groulx LH, Laperrrière A, Mayer R, Pires AP. A pesquisa qualitativa. Petrópolis: Vozes; 2014.

Prigogine I, Stengers I. A Nova Aliança – metamorfose da ciência. Brasília: Ed. UnB; 1991.

Quintaneiro T, Barbosa MLO, Oliveira MGM. Um toque de clássicos. Belo Horizonte, Ed. UFMG; 2017.

IV
Ciclo da pesquisa qualitativa

Luciana Borges

IV
Ciclo da pesquisa qualitativa

Introdução

Ao desenvolver uma pesquisa, seja ela qualitativa ou quantitativa, surgem dúvidas e desejos de fazer grandes descobertas, de comprovar hipóteses que se acredita serem verdadeiras. Falar é fácil, mas de imediato o pesquisador se defronta com o primeiro desafio: "Qual a pergunta de pesquisa? Qual o problema central?"

Estas duas questões muitas vezes paralisam o pesquisador, fazem com que perca o sono, a segurança em continuar a pesquisa. Em um determinado momento, após muita reflexão e revisão de literatura sobre o tema e o objeto de pesquisa escolhido, nem sempre ainda bem definido, as perguntas de pesquisa vão se delineando, se tornando mais claras. Por vezes, nesse momento, por inocência e/ou inexperiência, o pesquisador pensa que a parte mais importante da pesquisa terminou. É certo que se trata de parte essencial do processo de pesquisa, mas é apenas o início de um caminho ainda longo, às vezes árduo, com idas e vindas e ajustes metodológicos necessários, para que se alcance o objetivo central do trabalho, que é a divulgação dos resultados de muitos meses de investimento num estudo (Flick, 2009).

Neste capítulo, serão trazidos à baila as fases do ciclo da pesquisa qualitativa, partindo da pergunta de pesquisa, passando pelas etapas de organização e execução do estudo, que deve estar baseado e orientado por um projeto bem estruturado, culminando com a divulgação dos resultados.

Fase 1: Determinação do problema

Para definir o problema de pesquisa, é preciso levar em conta fatores que contribuirão ou poderão ser obstáculos a esse processo (Gil, 2010). Estes fatores poderão ser internos ou externos. Como fatores internos, intrínsecos ao pesquisador, tem-se os seguintes:

- *Afetividade em relação a um tema ou alto grau de interesse pessoal*

Quando se inicia a incursão pelo mundo da pesquisa, o ideal é que se tenha uma curiosidade especial pelo que será estudado, para que investigar sobre este tema e objeto confira prazer. Ou pelo menos, se isso não ocorrer, que seja algo causador de questionamentos, desafios ou de interesse na prática diária, o que será motivação para a investigação. Estudar o que não se tem interesse ou não causa incômodo geralmente levará ao desgaste (que é muito comum ao longo da pesquisa) mais cedo do que o normal. Caso o pesquisador se insira num projeto de pesquisa já em andamento, com um tema bem definido, é necessário pensar antes se o assunto o instiga o suficiente para levar até o fim o seu propósito (seja monografia, dissertação de mestrado, tese de doutorado ou pós-doutorado).

- *Tempo disponível*

Outro aspecto relacionado diretamente ao pesquisador é o espaço em sua agenda para se dedicar à pesquisa. Muitos estão envolvidos em diversos projetos pessoais, familiares ou profissionais, que podem comprometer ou até mesmo impedir a inserção num estudo científico. Lembrar que, ao contrário de algumas coisas no cotidiano, a pesquisa tem um cronograma a ser desenvolvido, o qual demanda responsabilidade com o cumprimento de prazos. Para iniciar um estudo, o pesquisador deve estar consciente que deverá terminá-lo. Ao contrário de alguns cursos, não basta o pesquisador passar no processo seletivo de um mestrado ou doutorado e cursar disciplinas para receber um título de mestre ou doutor. Ele tem que ter tempo para se dedicar ao seu estudo. Muitas vezes, só após iniciar a pesquisa que o pesquisador jovem descobre, depois de meses, se o tema realmente é de seu interesse ou não.

- *Limite pessoal do pesquisador*

Mais um aspecto importante é o perfil pessoal do pesquisador. Ao ser definido o problema, deve-se pensar nisso. Ele será capaz de lidar com esse tema (imagine um católico praticante querer estudar os motivos que levam uma adolescente a realizar um aborto...). Além dessa perspectiva pessoal, temos aspectos mais técnicos, como a capacidade de leitura do pesquisador, a necessidade de ler artigos em outros idiomas, as dificuldades de entendimento de textos que transitem por outras áreas do conhecimento, como a Sociologia e a Antropologia, que são pouco abordadas em cursos com currículos mais técnicos como Medicina, Odontologia, Engenharia, entre outros.

Quanto aos fatores externos que poderão ser obstáculos à definição do problema de pesquisa, alguns são fundamentais de serem levados em conta, quais sejam:

- *Significação do tema, sua novidade, sua oportunidade, seus valores acadêmicos e sociais*

Uma pesquisa não deve ser feita como algo asséptico, sem sentido. Ela deve significar algo relevante e de impacto para a sociedade. Existem muitas coisas relevantes que já foram exaustivamente pesquisadas, portanto, apesar de interessantes, não causam impacto. Deve-se pesquisar brechas de conhecimento ainda pouco exploradas. Para isso, nada mais importante que uma boa revisão bibliográfica para definir o tema da investigação, o objeto de estudo e, consequentemente, o problema de pesquisa.

- *Limite de tempo disponível*

Não basta o pesquisador ter tempo disponível; tem que estar inserido num projeto que permita que o estudo possa ser desenvolvido nesse tempo. Imagine querer estudar a prevalência de varicela numa população onde não existe notificação sistemática de casos e, portanto, não existe a possibilidade de fazer uma análise retrospectiva. Além disso, só ter o período do verão para coleta de dados. Varicela é uma doença que preferencialmente ocorre do final do outono até o início da primavera. Esta sazonalidade pode comprometer a investigação devido ao tempo determinado para pesquisa. Se o estudo em questão é o tema da dissertação de mestrado do pesquisador, os prazos são muito curtos, daí a necessidade de uma pergunta de pesquisa que possa ser respondida no período de tempo adaptável ao curso que o pesquisador por ventura esteja inserido.

- *Material de consulta e dados necessários ao pesquisador*

Para o pesquisador é fundamental uma infraestrutura mínima para formação de seu referencial teórico, ou seja, o que se pretende estudar precisa já ter uma bibliografia básica, principalmente se o pesquisador é iniciante.

A partir do momento em que se identificam esses fatores internos e externos que o mobilizam a pesquisar, deve-se selecionar o assunto/tema da investigação. Ele deve ser algo de interesse no momento e no contexto histórico e social nos quais o pesquisador está inserido, ser algo que faça parte da sua reflexão pessoal (senão não é um motivador interno, como se discutiu anteriormente), ser fruto de estudos anteriores e dispor de informações documentais que comprovem esses atributos. Além disso, deve ser exequível na prática, ou seja, precisa ser algo factível, para que a pesquisa possa ser concretizada.

Com a determinação do tema e objeto da pesquisa, após muita leitura de documentos que enriqueçam o conhecimento sobre o assunto e permitam conhecer resultados já alcançados em pesquisas anteriores, chega-se ao ponto que autoriza o pesquisador ousar a formular o problema de pesquisa. A partir da definição da pergunta de pesquisa é possível identificar as dificuldades do trabalho, os conceitos a serem utilizados, oriundos do referencial teórico construído e uma proposta, ainda que embrionária, da melhor metodologia de pesquisa a ser utilizada (Gil, 2010).

Com a pergunta norteadora, retorna-se à busca na literatura científica de referências que deem suporte à pesquisa a ser realizada, já melhor orientada para o foco que ela se direcionará. O levantamento do material, com seleção da documentação mais relevante, permitirá a revisão da literatura de forma mais objetiva e recortada, sendo que o fichamento de todos os textos lidos, com anotação da referência bibliográfica correta e a síntese do que foi lido e se considera importante, é uma técnica que deverá ser realizada desde o início, como forma prática de sistematização dos dados coletados.

Alguns cuidados devem ser tomados quando se formula o problema de pesquisa, pois ele tende a ser muito amplo. Para isso, é necessário delimitá-lo ou, como se diz mais coloquialmente, recortá-lo, para que a pesquisa seja exequível. O problema também pode ser descrito na forma de objetivos, passo importante para que se reconheça até aonde vai a pesquisa, qual a melhor ferramenta de coleta de dados e de que forma os resultados serão apresentados. Usualmente se define um objetivo geral e alguns específicos. Eles devem ser iniciados com verbos de ação, tais como analisar, verificar, descrever, avaliar. Deve-se evitar verbos como conhecer, perceber, refletir, entender, pesquisar, aprender, pois não permitem definir claramente os objetivos a serem alcançados (Ferraz e Belhot, 2010).

Fase 2: Organização da pesquisa

A partir do momento em que as ideias estão mais claras, que se delineou o cerne do tema, o qual é denominado objeto de pesquisa, e que se definiu a pergunta de investigação, deve-se aprofundar o referencial teórico que a sustentará. Realizada uma revisão bibliográfica extensa, a partir de descritores adequados, pode-se buscar os pressupostos do estudo. Nas pesquisas quantitativas se formulam hipóteses, que são respostas provisórias às perguntas de pesquisa. Estas serão confirmadas ou não pelos dados coletados e testados estatisticamente. Nas pesquisas qualitativas não se trabalha com hipóteses e sim com pressupostos, que, como o próprio termo diz, é algo que se supõe antecipadamente sobre o tema antes da pesquisa propriamente dita. São oriundos do conhecimento científico coletado na revisão bibliográfica realizada e de evidências científicas anteriores. Os pressupostos da pesquisa devem ser simples, claros e focados na pergunta da pesquisa, relacionados às teorias que dão base à mesma.

Um dos momentos decisivos da implementação de uma pesquisa é aquele onde se define a estratégia metodológica para coleta dos dados. Será uma revisão bibliográfica sistematizada, uma análise documental, um estudo de caso, uma pesquisa etnográfica, um estudo fenomenológico, uma pesquisa-ação? Tudo vai depender da dimensão do objeto da pesquisa e das perguntas que se quer responder. A escolha do método para se atender aos objetivos do estudo, que inclui a população a ser estudada e as técnicas de pesquisa a serem utilizadas, é essencial para se obter respostas às perguntas de pesquisa. Portanto, a escolha do método inclui a definição do cenário da pesquisa, os sujeitos envolvidos, as ferramentas/instrumentos a serem utilizados para a coleta de dados e a teoria que embasará a interpretação dos resultados.

Vale destacar que um ponto nevrálgico da pesquisa é a qualidade do instrumento de coleta de dados, seja entrevista individual ou em grupo, observação ou de análise documental. Ele deve ser longo o bastante para o alcance dos objetivos da pesquisa e curto o suficiente para que não se perca tempo com detalhes e informações que, embora superinteressantes, sejam supérfluos ou inadequados para o objeto em estudo, naquele momento (Flick, 2009).

A definição da população da pesquisa deve ser feita com todo o cuidado, no sentido de reconhecer qual o perfil das pessoas a serem entrevistadas ou observadas. Os locais onde ocorrerão as entrevistas ou observação deverão ser visitados antes do encontro com os participantes da pesquisa, para identificação de potenciais problemas estruturais ou logísticos.

Outro aspecto importante que antecede a entrada no campo é a avaliação ética do projeto de pesquisa. Deve ser feita através da sua submissão na Plataforma Brasil[5], que direcionará o pesquisador para o Comitê de Ética em Pesquisa da Instituição na qual o mesmo está vinculado. Somente após a aprovação ética o estudo poderá ser iniciado.

Fase 3: Execução da pesquisa de campo

Depois da aprovação do projeto de pesquisa no Comitê de Ética em Pesquisa há, em geral, um sentimento de ansiedade para ir ao campo coletar

---

5. Base nacional e unificada de registros de pesquisas envolvendo seres humanos para todo o sistema Cep/Conep (Comissão Nacional de Ética em Pesquisa). Disponível em http://portal2.saude.gov.br/sisnep/Menu_Principal.cfm

os dados. Entretanto, ir a campo necessita de planejamento, de estabelecimento de um programa de trabalho que inclui o cenário do estudo, os sujeitos da pesquisa, o instrumento de coleta de dados e a técnica de análise dos mesmos.

Antes do início da coleta de dados propriamente dita é aconselhável fazer um estudo-piloto, ou seja, fazer um ensaio, um teste final do instrumento de pesquisa e também do investigador que vai utilizá-lo. Trata-se de uma estratégia metodológica que ajuda a refinar o instrumento de pesquisa e validar sua aplicação. No estudo-piloto pode-se identificar aspectos que poderão comprometer a qualidade do material coletado, como, por exemplo, se o ambiente físico é adequado ou barulhento, se o entrevistado e o entrevistador se sentiram confortáveis, se o instrumento de coleta de dados (roteiro de observação, de entrevista ou do grupo focal) foi facilmente entendido pelo pesquisador e pelo pesquisado, se o registro dos dados foi feito a contento.

Após o estudo-piloto, por vezes é necessário fazer ajustes no instrumento e também na forma como ele será aplicado. O ideal é que esse ensaio seja o mais próximo da situação real. Se possível no mesmo ambiente (ou semelhante) ao que serão recrutados os sujeitos elegíveis para compor a amostra da pesquisa. Quando o estudo-piloto confirma a validade do instrumento e de sua aplicação, os dados coletados não são descartados e entram no cálculo amostral da pesquisa. Portanto, esse teste fortalece o que foi previamente organizado e permite a revisão dos aspectos a serem modificados na abordagem. A partir daí, pode-se iniciar a pesquisa no campo.

Na pesquisa qualitativa pode-se desenvolver uma estratégia impensável na pesquisa quantitativa: coletar e analisar os dados simultaneamente. Isso é muito interessante porque permite cada vez mais melhorar a qualidade do dado coletado e fazer ajustes de rumo, se necessário. Ou seja, numa primeira observação, numa primeira entrevista ou grupo focal, imediatamente após o evento, deve-se dedicar alguns minutos a refletir sobre o evento ocorrido, fazer anotações relevantes num diário de campo e identificar o que poderia ter sido feito melhor, para que seja realizado no próximo momento de coleta de dados. Em caso de entrevistas ou grupos focais, além de se anotar o que foi relevante logo após a realização, indica-se que a transcrição seja feita o mais rápido possível para que o pesquisador ainda esteja impregnado pelas sensações daquele momento. Isso o ajuda a lembrar as percepções que teve durante a coleta de dados, que muitas vezes foram baseadas em gestos, expressões, pausas do pesquisado e não somente através de sua fala.

A análise dos dados deve acompanhar todo o processo proposto pelo projeto de pesquisa que inclui descrição, compreensão e interpretação dos dados, em diálogo com a literatura. O projeto de pesquisa deve ter definido o referencial teórico que embasará a interpretação dos dados, ou seja, a linha de pensamento, os conceitos que o autor se propõe a seguir (Gibbs, 2009).

Fase 4: Redação do relatório de pesquisa

Trata-se de uma fase trabalhosa que exige do pesquisador a capacidade de transformar os dados coletados em resultados que sejam inteligíveis para as pessoas que irão lê-los. Redigir o produto final do estudo não é uma tarefa fácil, mesmo para os mais experientes. Para alguns, essa parte final do estudo é a que exige mais esforço e que provoca mais desconforto.

A construção do texto deve ser baseada no referencial teórico, que certamente será aprofundado na medida em que a pesquisa avança. Isso é um ponto bastante importante. Muitos pesquisadores ou aprendizes de pesquisa acham que o material coletado para a construção do projeto de pesquisa enviado para o Cep é suficiente. Tenham a certeza de que não é. No decorrer do estudo, enquanto se avança no trabalho, a complexidade do mesmo aumenta, mas a sua estrutura se torna mais definida. Com isso, ao se voltar à revisão bibliográfica, a mesma se torna mais aprofundada no objeto que se quer investigar e são encontrados artigos e textos novos que, a princípio, passaram despercebidos e que são especiais para o estudo. Esse segundo momento de retorno ao referencial teórico é fundamental (Goldim, 2000).

Montar um texto se torna mais fácil quando se elabora um pequeno roteiro itemizado, que deve conter os aspectos mais importantes a serem abordados. Esse roteiro tem que ser capaz de delinear começo, meio e fim do capítulo, ou mesmo do seu parágrafo. Os textos devem ser, na maioria das vezes, compostos de frases curtas, com uma linguagem simples, sem rodeios ou palavras desnecessárias, superlativas, incapazes de gerar um adjetivo que naquele momento não é importante. Todos os conceitos novos apresentados devem ser definidos, apoiados no referencial adotado por quem escreve, para que o leitor não tenha dúvida de qual significado aquela palavra ou texto possui. Um texto científico de qualidade é produzido através de criação e recriação e não como um momento único de inspiração. O autor do relatório de pesquisa pode se beneficiar da leitura de outros pesquisadores sobre seu trabalho. Pode ser o orientador ou um parceiro de pesquisa. Trata-se de um outro olhar que poderá identificar incongruências no texto, frases de difícil compreensão, e contribuir para melhorá-lo.

As etapas básicas do texto, de acordo com Goldim (2000) são:
- Título: geralmente é a última coisa a ser finalizada, pois poderá ser modificado muitas vezes ao longo da pesquisa. Deve ser sucinto, claro e informativo. Na maior parte das vezes deve ser criativo, para chamar a atenção do leitor e ser mais facilmente divulgável. Geralmente o título é uma resposta à pergunta de pesquisa, relacionada ao objetivo da mesma.
- Resumo: talvez seja a parte mais difícil de escrever, pois em poucas palavras deve conter uma síntese de todo o processo, desde a introdução, objetivos, material e métodos, resultados e conclusão. É a parte do texto mais lida por quem procura artigos para referencial teórico, portanto, deve ser bem escrita e atraente e, para ser bem elaborado, demanda tempo.
- Introdução: é a aproximação do leitor com a pesquisa. Explica as motivações para o estudo, que conhecimentos existem sobre tema e objeto. No final, deve apresentar a pergunta norteadora, o pressuposto, o objetivo geral e os específicos. O referencial teórico utilizado deve ser eticamente apresentado, com indicação precisa da fonte.
- Método: aqui o pesquisador oferece uma visão ampla de como foi desenvolvido o trabalho, desde a etapa de definição de que método foi

utilizado e a justificativa para isso, o planejamento, passando pela ida ao campo de pesquisa e pela coleta e análise dos dados. Devem ser bem detalhados o cenário, os sujeitos ou os documentos selecionados, os instrumentos utilizados para coleta de dados, a técnica de análise dos dados. Devem ser também descritos os cuidados éticos tomados, incluindo a aprovação no Cep e a utilização do termo de consentimento livre e esclarecido (Tcle). Caso utilize um *software* para apoio à análise dos dados, o mesmo deve ser citado.

- Resultados e discussão: é neste item que o pesquisador deve exercitar seu poder de comunicação. Os resultados devem ser apresentados de forma didática, para que o leitor possa compreendê-los facilmente. A discussão deve trazer luz aos aspectos mais relevantes e novos achados no estudo e "conversar" com a literatura existente sobre o objeto, mostrando implicações consonantes e dissonantes que o pesquisador encontrou em sua investigação.
- Considerações finais ou conclusão: é o ponto central do trabalho. Deve estar sintonizada com a introdução, conversando com o pressuposto incialmente estabelecido e os objetivos da pesquisa. Deve ser curta, clara e apoiar-se essencialmente nos resultados obtidos, mostrando as limitações do estudo e a potencialidade de outras investigações sobre o assunto.
- Referências: são apresentadas ao final do texto. Devem seguir um padrão único, definido pela revista onde se deseja publicar ou pelo setor acadêmico para o qual o relatório será apresentado. As mais frequentemente utilizadas no Brasil são as normas da ABNT (Associação Brasileira de Normas Técnicas) ou da Vancouver.
- Anexos: são documentos não produzidos pelo pesquisador, mas que o mesmo acha necessário colocar no corpo do trabalho para apoiar o estudo.
- Apêndices: são documentos produzidos pelo pesquisador e que apoiam etapas do estudo, como, por exemplo, o Tcle e os instrumentos de coleta de dados (roteiros de entrevista ou de observação). Tanto os anexos como os apêndices são colocados após as referências.

Referências

Ferraz APCM, Belhot RV. Taxonomia de Bloom: revisão teórica e apresentação das adequações do instrumento para definições de objetivos instrucionais. Gest. Prod. (São Carlos). 2010; 17(2): 421-431.

Flick U. Qualidade na pesquisa qualitativa. Porto Alegre: Artmed; 2009.

Gibbs G. Análise de dados qualitativos. Porto Alegre: Artmed; 2009.

Gil AC. Como elaborar projetos de pesquisa. 5. ed. São Paulo: Atlas; 2010.

Goldim JR. Manual de iniciação à pesquisa da saúde. 2. ed. Porto Alegre: Dacasa; 2000.

V
Técnicas e instrumentos de coleta de dados e plano amostral

Stella R. Taquette e Luciana Borges

V
Técnicas e instrumentos de coleta de dados e plano amostral

Introdução

Os termos método e técnica de pesquisa são usados comumente como sinônimos, sem o serem. O termo método diz respeito ao caminho percorrido desde a pergunta de pesquisa até o final da investigação, o qual inclui: a concepção teórica da abordagem, os fundamentos que dão sustentação ao estudo, a escolha do objeto, as estratégias de entrada no campo, as técnicas e procedimentos utilizados para a coleta e registro de dados, o cálculo amostral e o tipo de análise.

As técnicas e os procedimentos utilizados para a coleta de dados dependem do tipo de método escolhido para realização da pesquisa. As técnicas de pesquisa são mediadoras entre a teoria e o que é verificado na vida real, na prática. Existem diversos tipos de técnicas que usam recursos variados para apreender os acontecimentos no mundo empírico. As técnicas podem fazer uso da palavra, da imagem, da observação, entre outras, isoladamente ou juntas, de forma triangulada (Minayo e Costa, 2019). As mais usuais em pesquisa qualitativa são: 1) revisão bibliográfica/documental, 2) entrevista, 3) observação participante (etnografia) e 4) grupo focal. A escolha do método e das técnicas a serem empregadas numa pesquisa depende do objeto da mesma e do contexto onde será realizada (Cano, 2012).

1 Revisão bibliográfica/documental

A revisão bibliográfica/documental está presente e é necessária em qualquer investigação científica previamente à utilização de qualquer outra técnica. Ela tem por objetivo conhecer o "estado da arte" sobre o tema, ou seja, o conjunto de conhecimentos já existente sobre o que se quer pesquisar. Ela permite ao pesquisador conhecer o que já se estudou sobre o assunto.

Essa revisão pode ser de publicações científicas de artigos e livros, de documentos oficiais, de leis e normativas, de relatórios, de documentos pessoais, entre outros. Uma investigação pode, entretanto, se restringir ao uso exclusivo desta técnica, por meio da procura de referências teóricas e documentos publicados, para se coletar informações ou conhecimento prévio sobre a questão da pesquisa. A revisão tem por finalidade produzir uma análise ampla e aprofundada sobre um determinado tema e apresentar uma síntese comentada do conhecimento sobre a questão que suscitou a pesquisa, como nos estudos de metassíntese e de revisão sistemática. Esse tipo de técnica de investigação pode ser útil também para o levantamento de novas perguntas, hipóteses e pressupostos que irão subsidiar outros estudos. Igualmente é utilizada em pesquisas que se propõem a analisar posições diversas acerca de um problema (Gil, 2010).

A revisão bibliográfica/documental deve ser feita de forma organizada e ter seus passos registrados para que qualquer leitor dos seus resultados possa compreender qual o caminho percorrido. Existem publicações na literatura científica destinadas a orientar revisões sistemáticas da literatura, metassínteses e metanálises (Galvão e Pereira, 2014; Brasil, 2012; Lopes e Fracoli, 2008). De modo geral se recomenda que sejam descritas:

- as fontes de consulta de artigos, livros, documentos;
- as palavras-chave ou descritores utilizados na busca;
- o recorte temporal utilizado;
- os critérios de inclusão e exclusão utilizados;
- o passo a passo da revisão, quantos textos foram encontrados, quantos eliminados e por que motivo, quantos lidos na íntegra, analisados e que compuseram o trabalho final.

2 Entrevista

2.1 Conceito

Entrevista é a técnica mais usual nas pesquisas de natureza qualitativa da grande área da saúde tanto em estudos nacionais como em internacionais (Taquette, 2015; Yamasaki, 2009). É um procedimento de coleta de dados que faz uso da palavra. Pode ser individual ou em grupo, também denominado de grupo focal. Neste item serão tratadas as entrevistas individuais.

Trata-se de uma técnica de coleta de dados em que o investigador se apresenta frente ao investigado e lhe formula perguntas ou lança temas para que ele reflita e fale sobre os mesmos. É uma conversa a dois, por iniciativa do entrevistador, que tem uma finalidade baseada nos objetivos da pesquisa. Numa entrevista pode-se coletar dados primários, que são concretos e objetivos como os sociodemográficos, e dados secundários, que são subjetivos e resultam da reflexão do entrevistado sobre sua realidade de vida e se referem a opiniões, ideias, crenças, sentimentos, preferências. Essa reflexão permite ao investigador compreender a perspectiva dos indivíduos sobre suas condutas enquanto atores sociais. Para as condutas serem interpretadas é necessário conhecer a perspectiva dos atores, o sentido que eles mesmos conferem às suas ações. A entrevista é um instrumento privilegiado para coleta dessas informações (Poupart, 2012).

2.2 Características das entrevistas

A entrevista é o encontro entre duas pessoas que em geral não se conhecem e frequentemente ocupam posições distintas na sociedade. As diferenças que existem entre elas fora do ambiente da entrevista persistem dentro dela. É necessário levar em conta essas diferenças ao coletar e analisar os dados da entrevista, pois as repostas podem ter sido afetadas por elas. Por exemplo, se um funcionário de uma empresa deseja fazer uma pesquisa cujos sujeitos de pesquisa estão em posição hierárquica superior, poderá ter dificuldade de perguntar sobre determinados assuntos devido à sua subalternidade. Esta relação deve ser fruto de reflexão. O pesquisador tem que ter clareza de suas convicções e valores, pois as situações de entrevista o comprometem. Suas experiências internas, suas convicções e inserções sociais estão implicadas no processo de construção do conhecimento (Gomes, 2012). As diferenças entre entrevistado e entrevistador podem ser também referentes a gênero, raça, religião, posição social, nível educacional, padrão socioeconômico, dentre outras. Todas podem afetar a natureza das respostas. Portanto, qualquer entrevista, por ser uma forma de interação social, reproduz a mesma dinâmica das relações existentes no ambiente social (Minayo e Costa, 2018).

2.3 Tipos de entrevista

Existem diversos tipos de entrevistas individuais: a) a entrevista fechada ou estruturada, também denominada de questionário; b) a entrevista semiestruturada, que combina um roteiro com questões previamente formuladas e outras abertas; c) a entrevista não estruturada, aberta ou em profundidade, em que o entrevistador apenas formula um questionamento e o interlocutor fala livremente; d) história de vida e história oral, que também são tipos de entrevista aberta.

Na entrevista fechada todas as questões têm respostas previstas para serem escolhidas. É uma técnica utilizada frequentemente nas pesquisas quantitativas, mas pode também ser usada de forma complementar em investigações qualitativas, como nas pesquisas de opinião para se construir instrumentos de pesquisa que exigem conhecimentos especializados. Nestes casos, utiliza-se uma entrevista fechada buscando informações sobre determinado problema.

A entrevista semiestruturada é a mais comumente usada nas pesquisas qualitativas. Ela dispõe de um roteiro que auxilia o pesquisador a conduzir a interlocução com seu entrevistado. As questões fechadas frequentemente se referem a dados sociodemográficos e, as questões abertas, ao tema em estudo.

A entrevista aberta ou em profundidade só contém perguntas abertas. Pode seguir um roteiro para orientar o entrevistador, sem cercear a fala do entrevistado. Em geral, não obedece a uma ordem rígida de temas. O encontro segue de acordo com as preocupações e relevâncias dada pelo entrevistado ao tema em discussão. A entrevista narrativa é um tipo de entrevista em profundidade em que o entrevistado relata de forma sequencial suas ações e eventos e configura os personagens e cenários dessas ações. Ao narrar, o indivíduo dá sentido às suas ações e as situa no tempo do real vivido, elaborando sua própria experiência. É uma versão oral da experiência pessoal (Charon, 2008; Castellanos, 2014).

A história oral e a história de vida são entrevistas em profundidade com finalidades próprias. Trata-se de instrumentos utilizados mais frequentemente em pesquisas históricas, antropológicas/sociológicas. Essas entrevistas são realizadas com pessoas que participaram ou testemunharam fatos históricos. Esta técnica é apropriada para estudar acontecimentos passados, instituições, grupos sociais, categorias profissionais, movimentos políticos, à luz de depoimentos de pessoas que deles participaram ou testemunharam. Através da história oral pode-se conhecer como o povo vivenciou os episódios de seu tempo, pode-se acessar experiências não documentadas de pessoas menos importantes na escala social. A história de vida, mais especificamente, busca conhecer a versão que as pessoas têm dos fatos vividos a partir de dados de sua história pessoal, sua biografia, experiência e conhecimento. A história de vida pode revelar o intangível das ocorrências que fazem parte da experiência de determinado grupo social (Minayo, 2014).

2.4 Planejamento da entrevista

Antes de ir a campo para fazer entrevistas, é necessário avaliar corretamente quais são os principais interlocutores que irão prover dados que respondam aos questionamentos do estudo e o que deve ser perguntado. Para se obter respostas honestas dos entrevistados, é imprescindível saber fazer boas perguntas às pessoas mais indicadas, ou seja, aquelas que atendam ao perfil desejado para se obter conhecimento sobre o problema pesquisado. Para desenvolver uma boa entrevista, o primeiro passo é ter informações básicas a respeito do que se quer saber e conhecer as práticas e terminologias do público a ser entrevistado. Para isso, recomenda-se fazer entrevistas exploratórias para testar o roteiro de entrevista e também a habilidade do entrevistador (estudo-piloto). Após algumas entrevistas iniciais, se necessário, faz-se os ajustes no instrumento e/ou oferece-se novo treinamento ao entrevistador.

Alguns princípios devem ser seguidos na elaboração de perguntas. Elas devem ser simples e diretas o quanto possível, numa linguagem que o entrevistado seja capaz de entender. Deve-se se evitar fazer perguntas longas, complexas ou que deem margem à dupla interpretação. Outra coisa a ser evitada são as perguntas com adjetivos que possam induzir a resposta do informante ou que ele responda o que o entrevistador quer ouvir. Por exemplo, se se quer conhecer a respeito da família de um entrevistado, não se deve perguntar se a família é unida ou coesa e sim pedir a ele: "Conte-me sobre sua família, ou o que pensa sobre sua família..."

No decorrer de uma entrevista, por vezes surgem ideias originais que despertam novas inquietações nos entrevistadores. Pode também ocorrer das informações sobre determinado tema serem insuficientes. Nesses casos, outras perguntas podem ser inseridas para ampliar as ponderações, como "fale-me mais sobre isso", ou "que interessante, como foi?"

Ter um roteiro de entrevista é quase sempre vantajoso, mas deve ser usado com flexibilidade e imaginação, pois os informantes são diferentes. Uns são cautelosos e reticentes, outros falam bastante. O ideal é que o roteiro da entrevista seja memorizado pelo entrevistador, que só recorrerá ao papel no final da entrevista para conferir se tudo foi perguntado. A ordem das perguntas pode ser alterada de acordo com o desenrolar da entrevista. Deve-se evitar interromper uma narrativa, pois isso pode provocar uma diminuição da espontaneidade do entrevistado, com consequente redução das informações que poderia fornecer. Deve-se também evitar fazer anotações durante a entrevista, pois isso constrange o entrevistado.

2.5 Habilidades necessárias para uma boa entrevista

Realizar uma boa entrevista não é uma tarefa fácil, pois geralmente o entrevistador não conhece de antemão o entrevistado e cada pessoa tem sua própria personalidade. Uns são mais extrovertidos, o que pode alongar e desviar o tema da entrevista. Outros são mais tímidos e envergonhados, o que dificulta o desenrolar da entrevista. Os problemas mais comuns das entrevistas são: o entrevistador não consegue que o entrevistado fale e/ou o interlocutor apenas responde às perguntas com monossílabos ou poucas palavras. Encontros assim duram pouco tempo e não há reflexão do informante sobre o tema pesquisado, portanto, a entrevista fica tendo pouco valor. Em determinados casos específicos, o pesquisador pode levar para o ambiente de entrevista materiais que auxiliem a memória do entrevistado, como revistas, jornais, ferramentas de trabalho que tenham alguma relação com o tema estudado. Outra dificuldade frequente que prejudica a entrevista é quando o entrevistado fala aquilo que o entrevistador quer ouvir e não o que ele realmente pensa. Nesses casos, em geral, as perguntas estão malformuladas e induzem à resposta ao invés de fazer o entrevistado refletir sobre o tema e oferecer uma informação verdadeira.

Sendo a entrevista uma conversa a dois por interesse e iniciativa do entrevistador, ele deve ter habilidades de superar os problemas apontados e todos que podem surgir no ambiente da entrevista. Uma entrevista não é uma conversa ou diálogo. O mais importante é fazer o informante pensar e falar. O entrevistador não deve se importar com os silêncios do entrevistado. Por vezes lhe falta motivação para responder as perguntas, ou mesmo pode haver uma compreensão equivocada das mesmas. Nesses casos, pode estar havendo inabilidade ou incapacidade do entrevistador de indagar ou do entrevistado em raciocinar e responder. Aspectos pessoais e opiniões do informante ou do entrevistador podem causar dificuldades durante a entrevista.

Alguns cuidados são essenciais durante uma entrevista: permitir que o entrevistado exprima livremente suas narrativas verdadeiras ou fantasiosas, que desenvolva seu pensamento, suas crenças, seus argumentos, concordando ou não com a ideia, sem que o entrevistador expresse qualquer discordância, censura ou objeção ao que o interlocutor está falando. Discutir com o entrevistado ou exibir qualquer superioridade é catastrófico para a entrevista (Thompson, 1992). Outro cuidado importante é evitar fazer perguntas sobre informações que já foram dadas. Para isso é preciso grande esforço de memória.

Por último, lembrar que a entrevista é uma relação humana e seres humanos têm sentimentos. Quanto mais o entrevistador demonstrar interesse e compreensão pelo ponto de vista do entrevistado, mais chance terá de obter informações fundamentais para sua investigação.

2.6 A entrevista

Alguns passos são fundamentais e devem ser seguidos para o bom desenvolvimento de uma entrevista. Ao entrar em contato com o entrevistado, o entrevistador deve se apresentar junto com sua credencial institucional e explicar os motivos da pesquisa numa linguagem simples e acessível. Justificar porque o entrevistado foi convidado a participar e garantir o sigilo e o anonimato dos dados a serem coletados. Perguntar se o entrevistado tem alguma dúvida e solicitar a leitura e assinatura do termo de consentimento livre e esclarecido (Tcle). Após o aceite por parte do interlocutor em participar do estudo, firmando o Tcle, o pesquisador inicia a entrevista falando de assuntos gerais de interesse do entrevistado para proporcionar um "aquecimento", um começo de conversa que permita que ambos se sintam mais à vontade e relaxados no ambiente da entrevista.

O entrevistador, após ter o consentimento do interlocutor para participar da pesquisa, deve explicar sobre a importância da gravação para registro das falas, garantindo total sigilo da mesma. Pode-se solicitar a escolha de um apelido para uso durante a entrevista, evitando assim que o nome do entrevistado fique gravado. A gravação da entrevista é essencial, pois permitirá ao pesquisador registrar tudo o que foi dito. Deve-se testar o gravador antes e, se possível, usar dois gravadores, pois se um falhar, o outro está garantido. Se for utilizar o telefone móvel para gravar, lembrar-se de colocá-lo em modo avião para que não toque durante a entrevista e impeça a gravação nesse momento.

Deve-se ter cuidado ao solicitar permissão para a gravação para que o interlocutor consinta de pronto. Qualquer demonstração de insegurança do entrevistador nesse instante pode inibir o entrevistado de consentir a gravação. O pesquisador deve estar convencido do seu papel, da importância do estudo e da participação daquele interlocutor. Ou seja, suas intenções são as melhores, não há motivo para que o entrevistado tema qualquer consequência negativa. Dito isso, em geral o informante concorda com a gravação. Às vezes, nos momentos iniciais, há uma certa inibição e preocupação com o que está sendo gravado. Mas, pouco tempo depois, ambos, entrevistador e entrevistado, se debruçam sobre o tema em discussão e se esquecem do gravador.

Alguns raros entrevistados, mesmo bem orientados, não consentem o uso do gravador ou nem mesmo que o pesquisador faça qualquer anotação sobre o que está sendo informado. Nesses casos, deve-se prestar atenção em dobro e anotar o conteúdo da entrevista logo após sua realização.

Como já dito anteriormente, a entrevista é uma relação entre duas pessoas que têm sentimentos, qualidades, dificuldades, problemas. Às vezes o interlocutor, ao falar do passado ou de coisas dolorosas para ele, pode sentir certo desconforto. Caso isso aconteça, o entrevistador deve dar apoio ao entrevistado, ser solidário, como se fosse um amigo. O pesquisador deve estar atento ao que o interlocutor está sentindo e interromper a entrevista caso avalie que a mesma está lhe provocando algum mal-estar.

Ao final da entrevista é aconselhável haver um momento de troca em que o entrevistador agradece e se oferece para responder qualquer dúvida que tenha surgido durante a entrevista, ou mesmo para dar alguma informação ao entrevistado que possa lhe ser pertinente e útil. É uma forma de retribuir ao informante o que foi dado durante a entrevista.

Logo após, o quanto antes, o entrevistador deve registrar por escrito suas impressões sobre a entrevista, os *insights* que teve durante a mesma, observações sobre a personalidade do entrevistado e os sentimentos despertados, observações adicionais que não foram gravadas, o que percebeu nas entrelinhas que não foi dito e fazer uma síntese do que foi falado, baseando-se no roteiro da entrevista. Essa síntese será bastante útil na análise dos dados. Certos *insights* do pesquisador ocorridos durante a entrevista são esquecidos e se perdem se não forem logo registrados.

A transcrição também deve ser feita o mais breve possível e alguns cuidados são fundamentais de serem tomados. Todas as palavras devem ser transcritas na íntegra e cada entrevistado deve receber um código para que lhe seja garantido o anonimato. Quando não é o próprio entrevistador que transcreve, é necessário informar a quem fará a transcrição da necessidade de sigilo dos dados transcritos e o pesquisador precisa conferir o trabalho com a gravação original e corrigi-la, se necessário. À medida que se lê reiteradamente as transcrições, fazem-se marcações para ressaltar ideias que vêm à mente acerca do que se ouve.

2.7 Amostragem e representatividade

Um questionamento frequente que se faz em relação ao método qualitativo é o fato de as amostras serem pequenas, comumente não mais do que 20 sujeitos (Taquette, 2015). Na pesquisa qualitativa não há necessidade de representatividade estatística. Por esse motivo as amostras são pequenas quando comparadas às pesquisas quantitativas.

Quando se entrevista um indivíduo, está se coletando dados singulares sobre ele, mas também sobre o ambiente cultural e social no qual ele vive. Os seres humanos vivem em sociedade e, mesmo que não queiram, quando falam de si estão falando do lugar de onde vieram. A fala individual tem representatividade em relação a um número maior de pessoas e é indicadora das condições estruturais da vida, do sistema de valores, das normas. Todo grupamento humano tem seu repertório próprio de comunicação, que é revelador de suas origens. Por esse motivo, as palavras de um indivíduo representam palavras de muitos (Bourdieu, 1973).

Para se ter uma amostra qualitativa adequada é necessário saber quem e quantos selecionar. A importância da amostra não está na sua quantidade final, mas sim que as opiniões sobre o tema pesquisado estejam representadas nas falas dos entrevistados. A finalidade da pesquisa qualitativa não é contar categorias, opiniões ou pessoas e sim explorar o espectro de categorias, opiniões e as diferentes representações sobre o estudo em questão. Nem todas as pessoas têm o mesmo ponto de vista ou característica. Entretanto, existe um número limitado de pontos de vista, características sobre uma questão dentro de um meio social específico. Existe um número limitado de interpretações ou versões da realidade. Embora as experiências pessoais possam parecer únicas, as representações dessas experiências não surgem somente do indivíduo, pois sua mente sofre influência no meio social em que vive, como dito acima.

Na pesquisa qualitativa, em geral, interrompe-se a coleta de dados quando se percebe que o leque de características sobre o tema pesquisado já foi apresentado e as informações começam a se repetir. A partir do momento que isso acontece, a coleta de dados pode ser finalizada. Por isso, na pesquisa qualitativa, não é necessário um tamanho amostral grande, pois a saturação das informações a serem coletadas ocorre com um número reduzido de sujeitos. Esse critério é denominado de amostragem por saturação. Trata-se de uma ferramenta conceitual empregada para estabelecer ou fechar o tamanho final de uma amostra em estudo, interrompendo a captação de novos componentes. É uma confiança empírica de que a categoria está saturada. Sua importância está estreitamente relacionada à questão da validade científica da pesquisa. Para se interromper a coleta de dados por saturação, é necessário que os dados estejam sendo analisados durante sua coleta, pois só assim se saberá se as informações estão se repetindo e que pouco de substancialmente novo aparece. Portanto, a análise de dados vai sendo construída ao longo do trabalho de campo. Os discursos de todos os sujeitos são diferentes, mas apresentam elementos em comum a outros entrevistados e, a partir de certo momento, novos entrevistados não trazem novas características sobre o objeto que está sendo pesquisado (Fontanella, 2008; Minayo, 2017). Em toda pesquisa qualitativa é mandatório que o pesquisador explicite em seus relatórios que critérios utilizou para a amostra que foi selecionada no estudo.

3 Etnografia/observação participante

3.1 Conceitos

A etnografia é uma técnica de pesquisa que se propõe a descrever da forma mais ampla possível o grupo social a ser pesquisado. Essa descrição deve incluir informações referentes aos aspectos históricos, políticos, econômicos, sociais e ambientais da população em estudo. Para isso, a pesquisa precisa de um tempo maior do que o dispendido em outras pesquisas

(Gil, 2010). A coleta de dados pode ser realizada através de várias técnicas, mas a fundamental é a observação. Outra técnica muito utilizada na etnografia é a entrevista aberta e informal. Quando bem realizada, permite gerar informações sobre como as pessoas pensam, percebem, acreditam ou sabem a respeito de um fenômeno. São entrevistas difíceis de serem realizadas. Requerem muita experiência e cuidados éticos (Fettermann, 1989). Outras entrevistas, como as estruturadas ou semiestruturadas, podem ser utilizadas quando é necessário o aprofundamento sobre um assunto específico (Gil, 2010).

A observação é o processo pelo qual o observador está presente no campo, com a finalidade de realizar uma investigação científica, em contato direto com o fenômeno a ser estudado e com os participantes da pesquisa em seu ambiente social. Por isso, alguns autores denominam-na de observação participante, devido à interação do pesquisador com o pesquisado. O observador é parte do contexto de observação, ao mesmo tempo modificando e sendo modificado por esse contexto. Esta participação nem sempre será totalmente plena (White, 2005). É a técnica de coleta de dados que mais se identifica com a etnografia. Pode captar uma variedade de situações ou fenômenos que não são obtidos por meio de perguntas. O objetivo da observação é apreender o ponto de vista de quem vive naquela situação social e sua visão de mundo. Há uma série de fenômenos de grande importância, não previsíveis, que não podem ser conhecidos por meio de perguntas ou documentos quantitativos, mas devem ser observados em sua realidade. São questões imponderáveis da vida real, segundo Minayo (2014), ou seja, impalpáveis e incontroláveis.

3.2 Características da observação participante

A observação participante pode ser integral ou parcial. A observação integral é tipicamente utilizada nos estudos antropológicos de sociedades indígenas ou "primitivas", em que o observador passa a viver na comunidade estudada. Na observação parcial, a relação do pesquisador com o campo se restringe ao tempo da pesquisa. Essa estratégia geralmente é complementada com o uso de entrevistas devido ao curto espaço de tempo para a observação.

Na realidade a ser investigada por meio da observação pode-se perceber o conjunto de regras que orientam o grupo estudado, tanto as que são formalmente criadas quanto as implícitas nas atividades dos componentes de um grupo social. Pode-se perceber também como essas regras são obedecidas ou transgredidas. Outras características a serem observadas são os sentimentos de amizade, de antipatia ou simpatia que permeiam os membros da coletividade. O aspecto legal e o aspecto íntimo das relações sociais, as tradições, os costumes, o tom e a importância que lhe são atribuídos também são fruto de observações, assim como as ideias, os motivos e os sentimentos do grupo na compreensão da totalidade de sua vida, verbalizados ou evidenciados em gestos e atitudes por meio de suas categorias de pensamento.

3.3 Cuidados necessários antes da entrada no campo

De acordo com Valladares (2007), nos dez mandamentos da observação participante, sendo a mesma um processo longo na fase exploratória da pesquisa, o pesquisador deve negociar sua entrada no campo, pois não sabe onde está aterrissando e não tem o controle da situação. A interação do pesquisador com o pesquisado deve ser feita de forma que o último forneça informações honestas e verdadeiras.

Para observar, o pesquisador coloca-se no mundo dos entrevistados, buscando entender os princípios gerais que seguem na sua vida cotidiana para organizar suas experiências, particularmente as de seu universo social. Sua perspectiva é dinâmica, pois ao mesmo tempo em que leva em conta as relevâncias dos atores sociais tem em mente o conjunto de indagações trazidas por ele, a partir de sua abordagem teórica. Porém, o observador sempre será visto como alguém de fora, portanto, é *mister* ser verdadeiro e não querer ser igual aos que estão sendo observados. O observador também é observado pela população que está sendo estudada.

A atitude do pesquisador em campo deve ser aceitável como pessoa e não somente respeitável como cientista (o que significa coisas diferentes em termos de comportamento, modo de viver e aparência, dependendo da cultura). Deve adotar um estilo que agrade à maioria das pessoas entre as quais pretende viver. Várias habilidades são precondicionantes a uma boa observação: saber escutar, ver, escrever; ter boa memória e conhecimentos de linguística; ser ingênuo, honesto, curioso, sincero.

Todo trabalho de campo de pesquisa e observação não é neutro, pois sofre influência dos esquemas teóricos, preconceitos e pressupostos do investigador. É necessário tentar se libertar de ideias preconcebidas e produzir conhecimento que rompa com o senso comum do grupo pesquisado. Cada passo produz dados que podem ser relacionados aos achados a serem obtidos posteriormente, a fim de aperfeiçoar o conhecimento/as teorias existentes e clarificar o problema central. O pesquisador tem que ser flexível para transformar seus pontos de vista na medida em que o campo mostra evidências diferentes de suas ideias preconcebidas (Minayo, 2014).

3.4 Entrada no campo de pesquisa

O campo para a pesquisa a ser escolhido obviamente depende do objeto da mesma, ou seja, do que se está investigando. O ideal é que seja um lugar que tenha maior probabilidade de se ver de forma clara a questão acadêmica que motivou o estudo. Selecionar um campo que já tenha sido estudado é uma boa opção, desde que o tema não tenha sido exaustivamente explorado. É preciso que seja um campo acessível, sem grandes obstáculos a serem enfrentados, em que a comunidade não se oponha à presença do pesquisador e esse possa estabelecer vínculos sem dificuldade.

Antes de se iniciar a observação, o pesquisador faz contato com membros que controlam a comunidade, ou seja, para a entrada no campo é necessário ter um informante-chave que será a pessoa que abre as portas da comunidade a ser estudada. O perfil dos informantes e a qualidade dos dados recolhidos dependem do impacto da entrada e da apresentação do entrevistador. Em geral, o pesquisador é menos olhado pela base lógica dos seus estudos e mais pela sua personalidade e comportamento. Ele é observador e também é observado, como já dito anteriormente. É sempre visto com desconfiança pela comunidade. Não pode adulterar sua identidade nem a natureza da pesquisa. O pesquisador precisa estar permanentemente atento, avaliando o trabalho e aprendendo com os obstáculos e desacertos do campo (Valadares, 2007).

3.5 Registro das atividades – diário de campo

A observação participante exige uma rotina de trabalho que deve ser registrada. Esse registro pode ser feito por meio de gravações, fotografias, vídeos e, fundamentalmente, num diário de campo.

O diário de campo é construído a partir de dados obtidos durante a observação. Deve ser feito de forma organizada e sistemática desde o primeiro momento de entrada no campo até a fase final da investigação, contendo data, hora, local. Trata-se de um caderninho de notas em que o investigador dia por dia, vai anotando tudo o que observa: descrição do lugar, das pessoas, dos objetos, dos acontecimentos; percepções e impressões pessoais, resultados de conversas informais, observação de comportamentos contraditórios com as falas, manifestação dos interlocutores quanto aos vários pontos investigados, frases impactantes. Devem ser anotadas também as angústias, questionamentos e informações que não são obtidas através da utilização de outras técnicas e são da reflexão do pesquisador sobre o evento vivenciado. Devem ser escritas o mais rápido possível após a coleta de dados (Angrosino, 2007).

3.6 Saída do campo

A saída do campo deve ser planejada e cuidadosa, pois as relações interpessoais que se desenvolvem durante a pesquisa não se desfazem com a conclusão da coleta de dados. Existe um tipo de contrato informal de favores e lealdade que não deve ser rompido bruscamente na saída do campo. As relações que se constroem na pesquisa são entre pessoas que têm sentimento. É necessário devolver os resultados para as pessoas do campo pesquisado. Em geral, os participantes esperam essa conduta do pesquisador e por vezes o cobram. Trata-se de um dever ético do pesquisador.

4 Grupo focal

4.1 Conceito

É uma entrevista em grupo, que coleta dados não dos indivíduos em particular, mas por meio da interação de participantes de pesquisa ao discutir um tópico específico sugerido pelo pesquisador (daí a denominação de "focal"). Encontra-se, como ferramenta de pesquisa, entre a observação participante e as entrevistas. É uma estratégia utilizada para compreender o processo de construção das percepções, atitudes e representações sociais de grupos humanos (Veiga e Gondim, 2001). O valor principal dessa técnica fundamenta-se na capacidade humana de formar opiniões e atitudes em influência mútua com outros indivíduos (ao contrário das entrevistas e questionários em que se emitem opiniões individuais). Esse intercâmbio de opiniões que ocorre num grupo focal pode estimular mudanças significativas e levar os participantes a redefinirem seus problemas. Proporciona também uma relação mais igualitária entre pesquisadores e pesquisados. Portanto, vale destacar que o grupo focal não é uma técnica indicada quando queremos conhecer caraterísticas do indivíduo ou acontecimentos de sua vida particular. Nesse caso é indicada a entrevista individual.

Segundo Morgan (1997), existem três tipos de grupos focais utilizados nas pesquisas em Ciências Humanas e Sociais: a) grupos autorreferentes, usados como principal fonte de dados; b) grupos focais como técnica complementar, para avaliação de programas de intervenção e construção de roteiros de entrevista, questionários e escalas; c) grupo focal como uma proposta multimétodo qualitativo, que integra seus resultados com os da observação participante e da entrevista em profundidade, numa perspectiva de triangulação.

Para desenvolver uma pesquisa cuja técnica de coleta de dados seja o grupo focal, é preciso ter objetivos bem traçados. Com isso, será mais fácil definir a composição dos grupos (número de integrantes, se possuem características comuns ou não, idade, gênero, escolaridade, condição econômica, entre outros), o ambiente para a realização do grupo, o posicionamento do pesquisador (diretivo ou não diretivo) e a técnica de análise dos dados (Gondim, 2003). Existe um posicionamento ético, entretanto, que deve ser primordial quando da decisão de utilização da técnica de grupo focal: a privacidade dos integrantes (principalmente quando se opta pela gravação em vídeo e se discute temas delicados, como alcoolismo, violência, drogas, abortamento, entre outros).

Para iniciar um grupo focal sobre um determinado tema, algumas vezes se utiliza como estratégia de sensibilização apresentar um filme, texto ou simplesmente fotos que tragam à baila o assunto. É preciso ter cuidado na utilização dessa manobra para que o material a ser utilizado não seja capaz de induzir o grupo a fazer um discurso politicamente correto ou aderente ao que foi apresentado. A reunião deve ser conduzida mediante um roteiro e o ambiente deve ser relaxado para que haja troca de experiências.

4.2 Finalidades de um grupo focal

A técnica de entrevista em grupo ou grupo focal é muito útil para gerar hipóteses sobre um assunto a partir da perspectiva dos informantes selecionados e como pesquisa exploratória ou diagnóstico preliminar. É indicada para avaliações de serviço ou intervenção de materiais instrucionais. Pode ser utilizada para fornecer um quadro inicial para uma pesquisa de campo até então não explorado cientificamente e também para obter a interpretação de um grupo sobre os resultados obtidos no estudo prévio. Outro uso comum da técnica de grupo focal é na montagem e teste de questionários e escalas para projetos de pesquisa quantitativa. O grupo focal pode ser também uma ferramenta útil para lidar com assuntos mais delicados ou encorajar participantes relutantes em se envolver com entrevistas individuais, ou seja, pode ser proveitoso para a aproximação com grupos menos acessíveis.

4.3 Características do grupo focal

Sua aplicação se dá em uma ou mais sessões em grupos cujos componentes não devem, se possível, serem familiares uns aos outros, com um animador/moderador/líder que faz intervenções no decorrer das discussões. Os grupos devem ser homogêneos e pequenos para não diminuírem as chances de todos participarem. Os participantes são selecionados de acordo com certas características em comum que estão associadas ao tópico pesquisado. Idealmente, os participantes não devem pertencer ao mesmo círculo de amizade ou trabalho, para evitar que a livre expressão de ideias possa ter interferências no futuro (Barbour, 2009).

Logo no início do grupo focal, depois de o moderador se apresentar e informar os objetivos do grupo e obter o consentimento de todos em participar, deve-se explicitar e pactuar as regras do grupo. As principais são o respeito mútuo à opinião do outro e o não falar de questões particulares pessoais ou de outrem. Outras regras importantes a serem pactuadas são: uma pessoa falar de cada vez em respeito aos outros participantes e para não comprometer a gravação; evitar discussões paralelas para que todos participem; todos têm o direito de dizer o que pensam; manter os celulares desligados e tantos outros acordos prévios que forem necessários, dependendo do ambiente e do propósito do estudo.

Outras características do grupo focal:
- 6 a 12 componentes no máximo;
- duração máxima de 1:30h;
- o roteiro deve permitir fluidez à discussão sem necessidade de o moderador intervir muitas vezes e que permita um progressivo aprofundamento do tema;
- presença de um coordenador/animador/moderador e um relator/observador;
- o animador pactua as regras de funcionamento do grupo, focaliza o tema, promove a participação de todos, inibe os monopolizadores da palavra, aprofunda a discussão, observa as comunicações não verbais e monitora o ritmo do grupo;
- o relator faz o registro das discussões, observa o grupo, faz anotações sobre comunicações não verbais e apoia o trabalho do animador.

4.4 Registro do grupo focal

A melhor forma de registro dos dados do grupo focal é a gravação da conversa, assim como nas entrevistas. Por isso, é necessário utilizar um equipamento de mídia de boa qualidade, se possível dois, caso um deles apresente falhas. Após o término da reunião, deve-se registrar o mais rápido possível todos os comentários sobre o contexto do grupo, a personalidade dos informantes, observações adicionais feitas sem serem gravadas e, o que talvez não tenha sido dito (as entrelinhas do evento), os *insights* do pesquisador.

Algumas características importantes a respeito de grupo focal:
- não é método de escolha para obter narrativas;
- não deve ser rota de atalho para levantamentos;
- não deve ser usado de forma oportunista, pois seus resultados serão pobres, ou seja, não é uma forma de conseguir um número maior de entrevistas num menor espaço de tempo;
- não acessa atitudes, que é resultante de uma série de decisões analíticas; no máximo, traz a percepção de um grupo sobre um determinado tema.

Algumas informações práticas para auxiliar na realização de grupos focais:
- organizar previamente o espaço que será utilizado pelo grupo;
- pedir que cada participante defina um apelido para si (a partir daí oferecer um crachá com esse apelido para que, ao longo da discussão, não sejam convocados pelo nome e, assim, terem preservadas as identidades);
- pedir para cada participante dizer seu apelido antes de falar a qualquer momento da reunião em grupo, o que facilitará a discriminação dos dizeres dos sujeitos no momento da transcrição e análise dos dados;
- o observador deve tomar nota da sequência da conversa e do conteúdo da discussão, se possível;
- redigir uma síntese da reunião imediatamente após o término do grupo;
- ambos os líderes, moderador e observador, devem estar familiarizados com o tema de discussão;
- anotar as comunicações não verbais identificadas quando se estiver transcrevendo a gravação;

- é aconselhável fazer um teste-piloto dos materiais de estímulo, caso seja feita a opção de utilizá-los;
- é importante praticar antes, a fazer intervenções em grupo e a aprender a tolerar os silêncios.

Algo que sempre angustia o iniciante é saber quantos grupos focais devem ser realizados para alcançar os objetivos da pesquisa. Essa preocupação advém da hegemonia dos métodos quantitativos na ciência, cuja essencialidade são os números. Na abordagem qualitativa, ainda que se faça uma previsão inicial, o indicador deve ser a saturação das alternativas de resposta. Enfim, quando os grupos não são capazes de produzir novidades nas suas discussões, é sinal que pode-se parar a coleta de dados (Gondim, 2003; Fern, 2001).

Referências

Angrosino M. Etnografia e observação participante. Porto Alegre: Artmed; 2009. (Col. Pesquisa Qualitativa).

Barbour R. Grupos focais. Porto Alegre: Artmed; 2009. (Col. Pesquisa Qualitativa).

Bourdieu P. Le métier de sociologue. Paris: Mouton-Bordas; 1973.

Brasil. Diretrizes metodológicas: elaboração de revisão sistemática e metanálise de ensaios clínicos randomizados. Brasília: Ministério da Saúde. Secretaria de Ciência, Tecnologia e Insumos Estratégicos; 2012. 92p.

Cano I. Nas trincheiras do método: ensino da metodologia das ciências sociais no Brasil. Sociologias. 2012; 14(31): 94-119.

Castellanos MEP. A narrativa nas pesquisas qualitativas em saúde. Ciência & Saúde Coletiva. 2014; 19(4): 1.065-1.076.

Charon R. Narrative and medicine. N Eng J Med. 2004; 350(9): 862-864 26.

Fern EF. Advanced focus group research. California: Thousand Oaks; 2001.

Fetterman DM. Etnography step by step. Londres: Sage; 1989.

Fontanella BJB, Ricas J, Turato ER. Amostragem por saturação em pesquisas qualitativas em saúde: contribuições teóricas. Cad. Saúde Públ. 2008; 24(1): 17-27.

Galvão TF, Pereira MG. Revisões sistemáticas da literatura: passos para sua elaboração. Epidemiol. Serv. Saúde (Brasília). 2014; 23(1): 183-184.

Gil AC. Métodos e técnicas de pesquisa social. 6. ed. São Paulo: Atlas; 2016.

Gomes MHA, Silveira C. Sobre o uso de métodos qualitativos em Saúde Coletiva, ou a falta que faz uma teoria. Revista de Saúde Pública. 2012; 46(1): 160-165.

Gondim SMG. Grupos focais como técnica de investigação qualitativa: desafios metodológicos. Paideia. 2003; 12(24): 149-161.

Lopes ALM, Fracoli AP. Revisão sistemática de literatura e metassíntese qualitativa: considerações sobre sua aplicação na pesquisa em enfermagem. Texto Contexto Enferm. 2008; 17(4): 771-778.

Minayo MCS. Amostragem e saturação em pesquisa qualitativa: consensos e controvérsias. Revista Pesquisa Qualitativa. 2017; 5(7): 1-12.

Minayo MCS. O desafio do conhecimento. Pesquisa qualitativa em saúde. 14. ed. São Paulo: Hucitec; 2014. 407p.

Minayo MCS, Costa AP. Técnicas que fazem uso da palavra, do olhar e da empatia. Aveiro, Portugal: Ludomedia; 2019.

Minayo MCS, Costa AP. Fundamentos teóricos das técnicas de investigação qualitativa. Revista Lusófona de Educação. 2018; 40: 139-153.

Morgan D. Focus group as qualitative research. Qualitative Research Methods Series. Londres: Sage Publications; 1997.

Poupart J. A entrevista do tipo qualitativo: considerações epistemológicas, teóricas e metodológicas. In: Poupart J et al. A pesquisa qualitativa. 3. ed. Petrópolis: Vozes; 2012. p. 215-253.

Taquette SR, Minayo MCS. The main characteristics of qualitative studies carried out by doctors in Brazil: a literature review. Ciência & Saúde Coletiva. 2015; 20(8): 2.423-2.430.

Thompson P. A voz do passado. São Paulo: Paz e Terra; 1992. Cap. 7: A entrevista. p. 254-278.

Valladares L. Os dez mandamentos da observação participante. Resenha: White WF. Sociedade de Esquina: a estrutura social de uma área urbana pobre e degradada. Revista Brasileira de Ciências Sociais. 2007; 22(63): 153-155.

Veiga L, Gondim SMG. A utilização de métodos qualitativos na ciência política e no marketing político. Opinião Pública. 2001; 2(1): 1-15

White WF. Sociedade de Esquina: a estrutura social de uma área urbana pobre e degradada do Rio de Janeiro. Rio de Janeiro: Jorge Zahar; 2005.

Yamazaki H, Slingsby BT, Takahashi M, Hayashi Y, Sugimori H, Nakayama T. Characteristics of qualitative studies in influential journals of general medicine: a critical review. BioScience Trends. 2009; 3(6): 202-209.

VI
Análise de dados

Stella R. Taquette

VI
Análise de dados

Aspectos gerais

A fase de análise de uma pesquisa qualitativa tem por finalidade compreender e interpretar os dados coletados tendo em vista os questionamentos formulados e o objetivo da mesma. Esta compreensão e interpretação é mais rica quando realizada por uma equipe com pesquisadores de campos de conhecimento diversos, o que permite múltiplos olhares para a mesma realidade. A análise pode confirmar ou não os pressupostos da pesquisa e uma investigação, se bem elaborada e bem desenvolvida, deve ampliar o conhecimento sobre o assunto estudado. Uma boa análise de dados que responda aos questionamentos do estudo depende das etapas anteriores do mesmo, de planejamento, de escolha das técnicas, de estratégias de entrada no campo, de uma boa coleta de dados com os sujeitos mais indicados. Toda investigação reside na busca da resposta à indagação inicial. Antes de ir a campo o pesquisador precisa fazer ampla revisão bibliográfica, buscando o máximo de conhecimento existente sobre seu objeto de pesquisa. Precisa analisar e escolher o marco teórico sobre o qual irá conduzir seu trabalho, elaborando hipóteses e pressupostos fundamentados. As técnicas de coleta de dados e roteiros utilizados devem ser construídos tendo como base esse levantamento bibliográfico. No trabalho de campo, o pesquisador, munido de suas hipóteses e pressupostos, deve estar aberto a questioná-los e a elaborar novas perguntas. Os dados coletados precisam ser fielmente registrados.

O processo de análise de dados é sistemático e compreensivo, mas não precisa ser rígido. O campo empírico da pesquisa é muito mais rico e versátil do que se pode prever, portanto, há que haver flexibilidade suficiente para abarcar na análise os acontecimentos imponderáveis. Quando o pesquisador se prende muito aos métodos e técnicas pode acabar esquecendo os significados presentes em seus dados, desconsiderando aspectos importantes do campo, devido à restrição de questionamentos dos procedimentos metodológicos.

O tratamento dos dados qualitativos pode ser feito de várias maneiras. Existem várias bases teóricas de análise de dados textuais e é importante que se tenha uma bagagem sólida da teoria, porém, não se pode abrir mão da criatividade no momento da análise. Para a interpretação dos dados é preciso muita leitura, que seja suficiente para o pesquisador conseguir integrar os achados do campo com os fundamentos teóricos e conhecimentos acumulados em torno do tema em estudo.

Os dados de pesquisa qualitativa em sua maioria são textuais e existem diversas técnicas de análise que podem ser utilizadas. Porém, nada impede que cada pesquisador crie uma nova técnica, faça adaptações nas já existentes ou as aperfeiçoe. Em qualquer técnica de análise, a interpretação é a principal ação da pesquisa, está presente em todo o seu processo e constitui a parte essencial da análise. Durante a coleta de dados a análise já está ocorrendo, diferente dos estudos quantitativos que só a iniciam após a finalização da pesquisa de campo. É esta pré-análise que permite a utilização do critério de saturação para determinação do tamanho amostral nos estudos qualitativos.

Muitas vezes, após a finalização da coleta de dados, estes não são suficientes para se estabelecer conclusões. Nesses casos, deve-se voltar ao campo para complementar com as informações faltantes. Essas idas e vindas ao campo são características das investigações de natureza qualitativa. Elas permitem, através da interpretação dos dados, o alcance de maior proximidade do conhecimento da realidade, ultrapassando a instância do senso comum. Esta etapa, entretanto, depende fundamentalmente da capacidade interpretativa do pesquisador e não somente dos instrumentos de coleta de dados. Por exemplo, os conceitos dos profissionais de saúde e das pessoas que vivenciam a doença nem sempre têm o mesmo significado, o que pode levar a interpretações equivocadas. Um trabalhador pode achar mais grave uma gripe do que a hipertensão arterial, pois a primeira consegue ser mais sintomática do que a última. Um mesmo sintoma pode ter significados diferentes para pessoas de níveis sociais distintos. A sensação de plenitude pós-prandial pode ser de prazer ou de desconforto, dependendo do paciente. Portanto, no trabalho interpretativo deve-se tirar o máximo de ideias do texto, analisar comparativamente as ideias novas que aparecem, aquilo que confirma e o que rejeita os pressupostos iniciais, o que este leva a pensar de maneira mais ampla.

Na análise dos dados, o pesquisador deve ter cuidado para não se deixar levar por conclusões precipitadas, aparentemente nítidas e transparentes. Quanto maior a familiaridade que o pesquisador tem em relação àquilo que está pesquisando, maior poderá ser sua ilusão de que os resultados sejam óbvios.

Uma das principais dificuldades dos pesquisadores é a de articular as conclusões que surgem dos dados concretos com conhecimentos mais amplos ou mais abstratos. Isso provoca um distanciamento entre a fundamentação teórica e a prática de pesquisa.

Nas pesquisas quantitativas se exige uma postura neutra sob pena de se incorrer em vieses na investigação, que invalidariam o conhecimento produzido. Nos estudos qualitativos a postura é diferente, pois não se concebe que existam pesquisas com neutralidade absoluta, por se tratarem de seres humanos. Assim, o pesquisador tem menor controle sobre os procedimentos de coleta de dados que apresentam caráter mais subjetivo. O que se propõe é que o pesquisador tenha consciência da interferência de seus valores na seleção e no encaminhamento do problema estudado. A tarefa do pesquisador é reconhecer o viés para poder prevenir sua interferência nas conclusões. É fundamental a explicitação de todos os passos da pesquisa para evitar o viés do pesquisador. O cientista social Howard Becker (1999) chama esta explicação da "história natural" das conclusões. Ou seja, é necessário que todos os passos da pesquisa sejam explicitados nos relatórios e artigos científicos produzidos nas pesquisas. Quanto mais o pesquisador tem consciência de suas preferências pessoais, mais ele é capaz de evitar o viés, ao contrário daqueles que trabalham com a ilusão de ser orientado apenas por considerações científicas.

Bases do tratamento de dados qualitativos

Segundo a cientista social Maria Cecília Minayo (2012), alguns termos da investigação qualitativa são estruturantes. São os substantivos experiência, vivência, senso comum e ação social e os verbos compreender e interpretar. Esses termos estão contidos em todo o processo de análise dos dados da pesquisa. Em relação aos substantivos, a experiência é o que o ser experimenta no mundo, as ações que realiza. Ela se expressa na linguagem e é mediada pela cultura. A vivência é o produto da reflexão pessoal sobre a experiência, ou seja, o que para aquela pessoa ela representa. Uma mesma experiência é vivenciada diferentemente por dois indivíduos. O senso comum é o conjunto de conhecimentos advindos das experiências e vivências dos indivíduos e se constitui de opiniões, crenças, modos de pensar, agir, sentir e se relacionar. A ação social é a que os indivíduos fazem para construir suas vidas nas condições que encontram na realidade. Quanto aos verbos, compreender significa exercer a capacidade de se colocar no lugar do outro, levando em conta a singularidade e a subjetividade do sujeito no contexto histórico e social em que se insere, e interpretar se fundamenta na compreensão e na elaboração de possibilidades sobre o que é compreendido.

O tratamento de dados qualitativos didaticamente pode ser dividido em três etapas interligadas entre si: descrição, análise e interpretação. Na descrição trabalha-se de forma que as opiniões dos diferentes informantes sejam preservadas da maneira mais fiel possível. Na análise, procura-se ir para além do que é descrito. Traça-se um caminho sistemático que busca, nos depoimentos, as relações entre os fatores. Ela produz a decomposição de um conjunto de dados, procurando as relações entre as partes que o compõem. Uma de suas finalidades é expandir a descrição. A interpretação pode ser uma sequência da análise e pode também ser desenvolvida após a descrição. Sua meta é a busca de sentidos das falas e das ações para alcançar a compreensão ou explicação para além dos limites do que é descrito e analisado. Essas etapas de tratamento dos dados qualitativos não são mutuamente excludentes, nem possuem fronteiras claras entre si. São apenas perspectivas de análises de dados qualitativos que podem não coexistirem formalmente. Na pesquisa qualitativa, segundo Minayo (2013), a interpretação é o ponto de partida (porque inicia com as próprias interpretações dos atores) e é o ponto de chegada (porque é a interpretação que o pesquisador faz das interpretações dos atores sociais).

Descrição dos dados

Trata-se da organização do material textual. Os dados podem ser agrupados e classificados em estruturas diversas como, por exemplo, por tipo de interlocutor (profissionais, pacientes, gerentes, educadores), por local da coleta de dados (escolas, serviços de saúde, bairros), ou por tipo de instrumento de coleta (entrevistas, grupos, diários de campo, relatórios).

Os dados textuais que advêm de gravações devem ser conferidos com a gravação original, em especial, quando não é o entrevistador que as transcreve. À medida que se lê reiteradamente as transcrições, introduzem-se marcações para ressaltar as ideias que vêm à mente e anotações de *insights* que podem acontecer. Os dados coletados devem ser guardados cuidadosamente, pois são únicos e insubstituíveis. Após 5 anos podem ser destruídos para que não sejam utilizados indevidamente.

Análise

A análise se inicia com a leitura atenta dos dados textuais, releitura compreensiva para se impregnar de seu conteúdo, dispor de uma visão de conjunto e apreender as particularidades presentes. Nesta leitura exaustiva é possível identificar o corpo principal dos dados e separar o que por ventura foi dito e registrado, mas não diz respeito diretamente ao interesse do estudo. No diálogo que se estabelece entre o pesquisador e seu interlocutor, frequentemente outros assuntos são ventilados e podem ser desmembrados na análise, caso se afastem do objetivo da investigação.

A partir da identificação do corpo principal do texto, o próximo passo é organizá-lo por temas relevantes e dar início ao processo de categorização. Quando se identifica um tema relevante, que pode ser, por exemplo, um dos itens do roteiro de entrevista, faz-se recorte desta parte do texto, colando-a em um outro arquivo e juntando a outros recortes de falas de todos os participantes sobre o mesmo tema. Ao colocar juntos todos os depoimentos dos interlocutores sobre o mesmo tema, torna-se possível para o pesquisador compreender e classificar o sentido que é dado pelo grupo a tal tema. Para isso é realizada a leitura do arquivo com os recortes e colagens das falas, na tentativa de entender qual a mensagem que os interlocutores estão dando sobre o tópico, que significado tem para eles o assunto elencado.

Após a leitura exaustiva, linear e transversal dos dados textuais, estes são classificados/codificados em categorias, através: da observação das estruturas de relevância do texto, o que é comum nas narrativas e o que é divergente; da comparação entre os grupos; da busca de opiniões que estão por trás dos textos, ou seja, ir além das falas e dos fatos descritos; da identificação e problematização dos juízos explícitos e implícitos; da busca de sentidos mais amplos (socioculturais) atribuídos às ideias; do diálogo com informações de outros estudos acerca do assunto e referencial teórico da pesquisa.

Esta classificação deve estar ancorada à abordagem teórica adotada pelo pesquisador e ser contextualizada. Para compreendermos o contexto das falas não basta analisarmos a narrativa. É necessário reconstruir as condições sociais e históricas de produção que lhe deram origem. A contextualização pode ser feita através dos seguintes passos:

- descrição das situações espaçotemporais onde a narrativa foi produzida;
- compreensão dos campos de interação em que elas se situam (regras e convenções);
- verificação das instituições sociais (composição familiar, serviços de saúde, grupos de ajuda);
- análise da estrutura social;
- análise das convenções de gênero.

A categorização dos dados é uma classificação dos mesmos. Significa agrupar elementos, ideias ou expressões em torno de um conceito capaz de abranger tudo isso. As categorias podem também ser estabelecidas antes do trabalho de campo: são conceitos mais gerais e mais abstratos. Isso requer uma fundamentação teórica sólida por parte do pesquisador. Ou então as categorias podem ser formuladas a partir dos dados coletados no campo. Essas categorias são mais específicas e concretas.

Exemplo de categorização

Pesquisa realizada com jovens HIV positivos por meio de entrevistas em profundidade. Foi perguntado a eles o que pode ser feito para prevenir Aids em adolescentes. Abaixo trechos das respostas:

a) "*Tem que distribuir mais camisinha. O governo só fala em camisinha no carnaval.*"

b) "*Não se previne quem não quer. Burra é a pessoa que não usa camisinha.*"

c) "*Ter um projeto de educação sexual nas escolas que os familiares pudessem ir junto com os filhos.*"

d) "*O mais interessante seria colocar na cabeça das crianças já na escola.*"

e) "*Fazerem vacina ou acharem alguma coisa pra matar. Até agora nada disso aconteceu.*"

f) "*Eles falam para usar camisinha, mas os adolescentes transam sem camisinha.*"

Ao analisar esses depoimentos, percebe-se que as frases *b* e *f* se referem a ações que o próprio indivíduo tem que fazer, usar camisinha na hora do sexo. As frases *c* e *d* mencionam atividades a serem realizadas no ambiente social pela escola/família e as frases *a* e *e* citam medidas a serem tomadas pelo governo nas políticas públicas de saúde. Então, podem ser criadas três categorias classificatórias sobre o que jovens soropositivos pensam sobre prevenção: ações individuais (dependentes do próprio indivíduo), ações sociais (dependentes da educação ofertada nas escolas e pela família aos adolescentes) e ações programáticas (dependentes dos programas de saúde do governo). Essa categorização é desenvolvida tendo em vista os objetivos da pesquisa e, para se elaborar categorias que conduzam à produção de novos conceitos, é necessário um aprofundamento teórico anterior intenso, assim como o diálogo com a literatura.

Interpretação

A última fase da análise dos dados é a interpretação. Trata-se da elaboração de uma síntese entre a dimensão teórica e os dados empíricos. Faz-se um diálogo entre a fundamentação teórica adotada, informações de outros estudos e as narrativas dos pesquisados para buscar sentidos mais amplos. Pode-se utilizar como recurso metodológico para melhor interpretação a triangulação, que se processa por meio do diálogo de diferentes métodos, técnicas, fontes e pesquisadores (Gomes et al., 2005). Olha-se para a organização dos dados com o uso da imaginação para melhor compreender o assunto, propondo conceitos e teorias que proporcionem novos e úteis sentidos e usos à comunidade. É feita uma reinterpretação dos atores sociais sobre os fatos sociais, desvelando modelos subjacentes às ideias, iluminando pontos obscuros, construindo novas teorias e estabelecendo novos conceitos e conhecimentos. Podem ser feitas inferências a partir da abordagem teórico-conceitual adotada no estudo. A interpretação deve ter como direcionamento responder aos objetivos da pesquisa buscando a compreensão mais ampla do tema em estudo em que o significado encontrado deixa de ser do sujeito e passa a ser do grupo social. Não se trata do senso comum e deve estar fundamentada pela teoria exposta na introdução do trabalho. Quando as conclusões não produzem conhecimentos novos, talvez o pesquisador não tenha conseguido ultrapassar a instância do senso comum.

Na pesquisa qualitativa, ao interpretar, se está produzindo inferências, o que para Deslandes (2018) é um exercício fundamental, um ato político e epistêmico, que a distingue de outros modos de produzir conhecimento científico. Quando a interpretação não produz inferências, ela não avança para além da descrição empírica. Já aquelas em que altas inferências são feitas, fica evidente a criação de novas teorias por parte do pesquisador. De acordo com Deslandes (2018), seguir rigorosamente as regras do método científico não é suficiente para produzir inferências, que se nutrem, além do rigor, de criatividade, de analogias, de indução. Importante destacar que as inferências devem dialogar com a teoria e a prática, baseada na interpretação que o pesquisador faz da interpretação que seu interlocutor tem da realidade estudada. Vale destacar o compromisso ético do pesquisador nas relações entre os sujeitos de pesquisa, na produção de inferências e sua disseminação (Minayo, 2014).

Abordagens do material qualitativo

A forma de análise, interpretação e inferências pode ser realizada a partir de diferentes abordagens teórico-conceituais. A abordagem mais frequentemente utilizada é a análise de conteúdo. Além desta, sem esgotar o assunto, são apresentadas as seguintes abordagens: análise de discurso, análise clínico-qualitativa, análise hermenêutica-dialética, análise de narrativas e análise baseada na teoria fundamentada nos dados (*Grounded Theory*).

1 Análise de conteúdo

Surgiu no início do século XX nos EUA, sendo impulsionada entre 1940 e 1950. É a abordagem mais usual de análise de dados de investigação qualitativa. Trata-se de um conjunto de técnicas de análise de comunicação que visa obter, por procedimentos sistemáticos e objetivos de descrição do conteúdo das mensagens, indicadores (quantitativos ou não) que permitem a inferência de conhecimentos relativos às condições de produção/recepção destas mensagens (Bardin, 1979). Ela é baseada na contagem da frequência da aparição de características nos conteúdos das mensagens. É uma técnica que propõe a descrição objetiva, sistemática e quantitativa do conteúdo manifesto da comunicação. Ela está para a pesquisa qualitativa como a estatística está para a quantitativa. As categorias construídas pela Análise de Conteúdo são resultados que não falam por si só, precisam ser discutidos e interpretados pelo pesquisador.

2 Análise do discurso

Foi fundada na França em 1960, por Jean Dubois, um linguista, e por Michel Pêcheux, filósofo, marxista e envolvido com psicanálise (Mussalin, 2001). Seu objetivo básico é realizar uma reflexão geral sobre as condições de produção e apreensão da significação de textos produzidos nos mais diferentes campos de saber, de modo a compreender seu funcionamento, os princípios de organização e as formas de produção de seus sentidos. Visa mostrar como a linguagem está condicionada pelas estruturas macrossociais e, ao mesmo tempo, como a linguagem condiciona essas estruturas. A semântica do discurso depende de componentes linguísticos e socioideológicos, pois as condições sócio-históricas de produção de um discurso constituem suas significações. Todo discurso é uma construção social, não individual, e que só pode ser analisado considerando seu contexto histórico-social. O sujeito fala aquilo que representa seu lugar social. Ele não é livre para dizer o que quer, sem que tenha consciência disso. O discurso reflete uma visão de mundo determinada, necessariamente vinculada à dos autores e à sociedade em que vivem.

As técnicas da Análise do Discurso visam inferir, a partir da linguagem situada na face superficial da comunicação, sua estrutura mais profunda: os processos de sua produção. Diferentemente da Análise de Conteúdo, a Análise do Discurso procura entender o sentido dado pelo sujeito às palavras e não a seu conteúdo transparente e simples (Caregnato e Mutti, 2006). Ela parte do pressuposto de que a linguagem está condicionada pelas estruturas macrossociais e, ao mesmo tempo, esta condiciona tais estruturas, ou seja, o discurso é determinado por condições de produção e por um sistema linguístico. Na Análise do Discurso visa-se conhecer as construções ideológicas do texto, ou seja, quais ideologias estão por trás das falas dos interlocutores. O sentido do texto não está colado na palavra, não é fechado, nem exato. O texto não diz tudo. É necessário buscar seu significado além da linguagem, através da história e da ideologia. Um exemplo: ao analisarmos a frase *"É dando que se recebe"*, se ela foi proferida por um padre, terá um sentido, se foi por um político ou por uma prostituta, terão acepções totalmente distintas.

Diferenças entre Análise de Conteúdo e Análise do Discurso

A Análise do Discurso (AD) trabalha com o *sentido* do discurso e a Análise de Conteúdo (AC) com o *conteúdo* do texto propriamente dito. O sentido do texto na AD não é traduzido e sim produzido. A AD é constituída por: ideologia + história + linguagem. A AC procura compreender o texto através das palavras, de seu conteúdo expresso, numa concepção transparente da linguagem (Rocha, 2005).

3 Análise hermenêutica e dialética

Alguns autores defendem uma complementariedade entre Hermenêutica e Dialética, apesar de advirem de movimentos filosóficos diferentes. Para eles, há uma relação profícua e complementar entre a Hermenêutica e a Dialética, sendo esta relação útil para a compreensão de dados textuais. A ideia da complementaridade entre os métodos hermenêutico e dialético é defendida por Minayo em seu livro *O desafio do conhecimento* (2013). Para ela, é a forma de análise que mais capacita o pesquisador a se aproximar da realidade. Há uma integração dialógica e crítica entre eles. A práxis hermenêutica busca alcançar o sentido do texto penetrando no passado, na tradição, no outro, no diferente. A Dialética enfatiza a diferença, o contraste, a dissensão e a ruptura do sentido. Um método compensa as limitações do outro.

Ambas consideram fundamentais as condições históricas de qualquer pensamento e ambas partem do princípio de que não há observador imparcial. O pesquisador é parte da realidade que investiga e tanto a Hermenêutica quanto a Dialética questionam a capacidade das técnicas por si só de compreenderem a realidade. A Hermenêutica e a Dialética revelam os condicionantes da produção intelectual (pré-conceitos, tradição, poder, interesses). Na proposta dialética, para análise de dados qualitativos, a fala dos atores sociais é situada em seu contexto para ser melhor compreendida. Neste método de análise, não há consenso, e nem ponto de chegada ao processo do conhecimento.

A Hermenêutica é a disciplina que se ocupa da arte de compreender textos. Na lógica hermenêutica, a linguagem não é considerada como transparente em si mesma. A linguagem é o terreno comum de realização da intersubjetividade e do entendimento. O traço essencial do compreender é o fato de que o sentido peculiar é sempre resultante do contexto, do todo. Compreender implica a possibilidade de interpretar, de estabelecer relações e extrair conclusões em todas as direções, numa visão histórica. Significa também estar exposto a erros e a antecipações de juízos. Para se ter mais possibilidade de compreender, é necessário que as ideias iniciais não sejam arbitrárias. A tarefa da Hermenêutica se baseia na polaridade entre familiaridade e estranheza, buscando esclarecer as condições sob as quais surge a fala. Sob a ótica da Hermenêutica, entender a realidade que se expressa num texto é também entender o outro, é entender-se no outro.

Na proposta hermenêutica, o investigador deve buscar ao máximo contextualizar o seu texto (através de dados históricos e sociais) e adotar uma postura de respeito pelo texto, ou seja, ele sempre terá algum teor de racionalidade e de sentido. O investigador deve buscar o sentido que quis ser expresso pelo autor do texto e não uma verdade essencialista. Numa investigação bem conduzida, os participantes compartilham com os resultados da análise feita pelo pesquisador.

Enquanto a Hermenêutica busca a compreensão do texto, a Dialética estabelece uma atitude crítica, dialogando com concepções opostas até se chegar a uma nova ideia. O exercício dialético considera como fundamento da comunicação as relações sociais que são historicamente dinâmicas, antagônicas e contraditórias entre classes, grupos e culturas. Uma mesma linguagem pode ter diferentes significados conforme a classe social. Interesses coletivos podem unir as classes e interesses específicos podem as contrapor. Porém, esta compreensão só é possível, segundo a Dialética, se houver um "estranhamento" do texto, ou seja, a necessidade do entendimento nasce do fracasso da transparência da linguagem (Minayo, 2002). Qualquer texto deve ser lido em função do contexto em que foi produzido na medida em que nada se constrói fora da história.

Na proposta de interpretação hermenêutica-dialética é necessário compreender o contexto em que os dados foram gerados e levar a sério qualquer relato dos pesquisados buscando entender suas razões. Sua operacionalização inclui como primeiro passo a ordenação dos dados com leitura e releitura do material. Em seguida sua classificação/categorização a partir dos questionamentos que se fazem sobre eles, com base na fundamentação teórica da pesquisa. Faz-se leituras repetidas do texto para se perceber as estruturas relevantes do mesmo e com isso criam-se as categorias específicas. A análise final compreende a articulação entre os achados da pesquisa e os referenciais teóricos, tentando responder às perguntas da pesquisa com base em seus objetivos. Essa análise propõe articular o concreto com o abstrato, o geral e o particular, a teoria e a prática. A melhor interpretação é aquela que o autor do relato compartilharia.

O resultado de uma análise hermenêutica-dialética é um constructo de segunda ordem que se trata da compreensão do significado das falas, contextualizado e reelaborado por meio de diálogo com a literatura. É fundamentado por uma teoria e seu significado extrapola o sujeito, e passa a ser do grupo social. Não é o senso comum. Quando se chega ao final da análise dos dados a uma conclusão que já se tinha antes, é sinal de que o pesquisador não conseguiu aprofundar o assunto, ou que não avançou além do senso comum. Portanto, não elaborou o constructo de segunda ordem. Geertz (2014) exemplifica em seu livro *Interpretação das culturas* os diferentes significados de um mesmo ato de piscadela do olho. Numa análise superficial, pode-se dizer que uma piscadela é uma contração rápida da pálpebra. Numa análise densa, consegue-se verificar que se trata de um tique nervoso, um código de comunicação, uma imitação de alguém para ridicularizá-lo ou mesmo um treinamento do ato de piscar.

4 Análise clínico-qualitativa

Trata-se de um método de análise elaborado pelo pesquisador e médico psiquiatra Egberto Ribeiro Turato (2003), que o define como uma particularização e um refinamento da metodologia qualitativa genérica, através da união entre os métodos clínicos e teorias epistemológicas elaboradas para a pesquisa nas áreas sociais, voltados especificamente para os *settings* das vivências em saúde.

Seu método é sustentado em três pilares básicos: a atitude existencialista da valorização de elementos como angústia e ansiedade, ambos presentes na existencialidade do sujeito; a atitude clínica da acolhida dos sofrimentos emocionais da pessoa com escuta atenta; e a atitude psicanalítica do uso de concepções vindas da dinâmica do inconsciente do indivíduo. Turato trabalha com conceitos da psicologia médica e teorias psicodinâmicas na interpretação dos significados trazidos pelos sujeitos. Seus conceitos básicos são: inconsciente, desejo, transferência e contratransferência, mecanismos de defesa do ego, ganho secundário, perdas e luto, atos falhos. As etapas da análise clínico-qualitativa são:

- descrição do achado: explanação com apresentação e exemplificação com citações literais dos pesquisados;
- apresentação das interpretações: elaboração de hipóteses conclusivas em interlocução com teorias do quadro de referências;
- procura de dados de falseabilidade: achados contraditórios no mesmo material e nas teorias existentes;
- comparação com outros estudos qualitativos e quantitativos: diálogo junto à literatura com outros estudos já realizados com integração multidisciplinar.

5 Análise de narrativas

A análise da narrativa toma como objeto de investigação a própria história do entrevistado e em discursos emitidos na primeira pessoa. Por meio dela é possível observar como os respondentes impõem ordem nas suas experiências para dar sentido aos eventos e ações de suas vidas. Na análise de narrativas, tenta-se desvendar as formas de contar a experiência, e não simplesmente o conteúdo da fala. Ela se questiona sobre porque a história foi contada daquela forma (Charon, 2004). Não existe um método único de análise de narrativas e os pesquisadores podem ter *insights* baseados em diversas teorias interpretativas, mas na análise narrativa existe a crença na necessidade de saber como o protagonista interpreta coisas e o pesquisador deve interpretar essa interpretação. É necessário contextualizar a narrativa e escolher qual teoria social orientará sua análise (Reissman, 1993).

Os estudos narrativos podem ser baseados em diferentes orientações teórico-metodológicas a serem explorados em diversos campos da ciência que lidam com pessoas em suas pesquisas. Há uma estreita relação entre o enfoque biográfico e os estudos narrativos. Quando alguém faz uma narrativa, conta-se um fato pessoal com interpretação própria do fato. Ou seja, a narrativa pessoal advém da sua experiência ao mesmo tempo em que a molda. As narrativas autobiográficas permitem a análise das escolhas do narrado, a interpretação que dá aos fatos de sua vida, como a experiência de um adoecimento crônico afeta centralmente as trajetórias de vida (Castellanos, 2014).

A análise de narrativa é uma ferramenta favorável de pesquisa, pois promove o diálogo interdisciplinar. Pode-se debruçar sobre a fala de diversos atores sociais em diferentes contextos. Ela parte do entendimento de que o discurso narrativo é uma prática social constitutiva da realidade (Bastos, 2015). As análises da narrativa buscam interpretar os fenômenos em termos dos significados que as pessoas a eles conferem e são úteis também para revelar a cultura da vida social do interlocutor. É possível verificar desigualdades de gênero, discriminação racial e outras práticas de poder da sociedade nas falas individuais.

O interesse pelas narrativas vem crescendo nos estudos científicos, sobretudo nas Ciências Sociais em Saúde: os estudos narrativos de adoecimento e cuidado, as narrativas como técnica de coleta de dados em pesquisa e as narrativas como objeto de conhecimento (Castellanos, 2014).

O poder médico sobre a doença, o doente e as intervenções terapêuticas frequentemente não abrem espaço para a perspectiva dos doentes sobre o próprio sofrimento. Neste quadro, o estudo das narrativas se fortaleceu, pois passou a dar voz para aquele que deveria ser o centro das atenções, mas permanece apagado nas análises positivistas das doenças (Castellanos, 2014). O paciente, ao contar e interpretar uma experiência, lhe dá significado e estabelece uma mediação entre seu mundo interno de pensamentos e sentimentos e o mundo externo observável.

Na análise de uma narrativa é necessário verificar o ordenamento temporal dos eventos e sua representação narrativa, a coerência textual e sua estrutura, e os contextos psicológicos, culturais e sociais das narrativas. As narrativas têm íntima relação com a cultura. Ela é contada de uma forma e não de outra, pois está relacionada com o meio sociocultural do qual o narrador faz parte. Não há neutralidade na construção da narrativa, uma vez que a linguagem não é neutra nem transparente. Para compreensão de uma narrativa é necessário situá-la no contexto em que foi produzida (Mishler, 1995).

A análise de narrativas pode ser feita seguindo os seguintes passos:
- organização e ordenação dos dados concretos, ou seja, o conteúdo racional, concreto de quem faz o que, quando, onde e por quê;
- compreensão dos juízos de valor referentes aos acontecimentos, ou seja, o conteúdo subjetivo dos dados concretos, seu significado para o entrevistado;
- reescrita da trajetória do entrevistado, contextualizando-a em termos históricos, culturais e sociais;
- agrupamento das narrativas das entrevistas, comparando-as;
- estabelecimento das semelhanças e contradições existentes entre os casos individuais para permitir a identificação de trajetórias coletivas.

A partir desses passos desenvolvem-se categorias, primeiramente para cada uma das entrevistas narrativas, posteriormente elas são ordenadas em um sistema coerente para todas as entrevistas realizadas na pesquisa, sendo o produto final a interpretação conjunta dos aspectos relevantes tanto aos informantes como ao pesquisador.

6 Análise pela Teoria Fundamentada nos Dados (Grounded Theory)

Nos estudos cuja análise é baseada na Teoria Fundamentada nos Dados, o pesquisador procura aprofundar a explicação sobre o objeto em estudo a partir dos dados empíricos coletados no campo, sem uma teoria previamente estabelecida e sem a preocupação com a generalização do conhecimento construído para uma realidade particular (Andrews, 2017).

Os primeiros passos da Teoria Fundamentada nos Dados, tradução para o português da *Grounded Theory*, foram dados em 1967 pelos sociólogos

Glaser e Strauss. Nesta teoria os pesquisadores criam seus conceitos teóricos a partir dos dados de campo sem precisar utilizar teorias pré-existentes. Têm liberdade e flexibilidade para elaborar conceitos que emergem dos dados através da interação com o mundo empírico e não isolado dele (Freeman, 2018). O pesquisador cria um modelo conceitual a partir somente dos dados do campo, através de sua organização e classificação. Os pilares da *Grounded Theory* são a amostragem teórica e o método comparativo. A amostragem teórica é elaborada a partir da codificação dos dados do campo, e no método comparativo os códigos são comparados entre si numa tentativa de entender a essência do que está sendo expresso e de criar um nome conceitual para descrever tal compreensão (Nelson, 2015).

Um dos argumentos a favor da criação da *Grounded Theory* foi a crítica ao aspecto doutrinário que uma teoria pré-definida pode ter sobre os pesquisadores que não conseguem enxergar além dos limites do arcabouço teórico que escolheram. Por outro lado, essa teoria sofre críticas daqueles que consideram impossível ir a campo sem uma teoria pré-existente, pois esta é intrínseca às escolhas do pesquisador, queira ele ou não. É impossível ser livre de teorias pré-existentes quando se propõe a realização de uma investigação científica. Para alguns autores, a *Grounded Theory* deveria ser abandonada, pois a mente do pesquisador não é uma tábula rasa e é impossível que possa anular sua educação, emoções, preferências para descobrir uma teoria somente fundamentada nos dados que encontram no campo (Thomas, 2006).

Uso do computador na análise de dados textuais

Os *softwares* existentes no mercado contribuem efetivamente para o trabalho do pesquisador na análise de dados da pesquisa. A principal contribuição de um *software* de análise de dados qualitativos é na organização e categorização dos mesmos. Tem potencial para trabalhar com diversos formatos e tipos de dados (imagens, textos, áudios, vídeos) e capacidade de tratamento de grande quantidade de dados. Entretanto, eles não substituem o trabalho intelectual interpretativo do pesquisador. Na medida em que os dados vão sendo analisados, surgem os novos conceitos e teorias baseados nos *insights* e conhecimento científico prévio do pesquisador. Alguns *softwares* tentam ser inteligentes, como, por exemplo, fazendo perguntas ao pesquisador quando determinada fala aparece no texto, semelhante às categorias já estabelecidas, instigando o pesquisador a novas reflexões.

Os primeiros *softwares* de análise de dados qualitativos surgiram em 1966 nos EUA. Em 1984 foi criado o Ethnograph e, em 1991, o Atlas-ti. No final da década de 1990 foi criado o NVivo, *software* que faz a síntese de utilidades de outros *softwares* anteriores e é um dos mais usados na atualidade. Na década de 2000 apareceram os primeiros *softwares* que possibilitaram a integração de imagem de vídeo, áudio e texto na análise. Em 2013 foi disponibilizado o WebQDA, *software* português entre os primeiros a empregar os contextos de computador nas nuvens, o que possibilita ao pesquisador utilizá-lo em qualquer equipamento conectado à internet (Costa, 2018). O WebQDA permite o trabalho direto com diversos formatos e tipos de dados, tem robustez para tratar grande quantidade de dados e, por ser acessível on-line, autoriza o trabalho colaborativo em grupos.

Em síntese, são variados os caminhos a seguir na análise de dados qualitativos, porém todos exigem rigor na aplicação dos procedimentos. A análise qualitativa não prescinde do uso de técnicas formais para o tratamento dos dados, assim como nos métodos quantitativos. Diferentemente desses últimos, na pesquisa qualitativa a análise já acontece desde o início da coleta de dados, durante e após a finalização do trabalho de campo.

Ao relatar os resultados da pesquisa é de grande importância o pesquisador descrever todos os passos seguidos com transparência, informando possíveis vieses e limitações do estudo, como será apresentado no capítulo X deste livro. Devem ser descritos como se deu a coleta de dados e seu registro, os critérios de amostragem e os aspectos éticos envolvidos. A via percorrida na decomposição do material analisado deve estar clara, assim como as interpretações e suas bases teóricas, apoiadas na evidência e em diálogo com a literatura atualizada.

Referências

Andrews T, Mariano GJS, Santos JLG, Timmons KK, Silva FH. A metodologia da Teoria Fundamentada nos Dados clássica: considerações sobre sua aplicação na pesquisa em enfermagem. Texto Contexto Enferm. 2017; 26(4): e1560017.

Bardin L. Análise de conteúdo. Lisboa, Portugal: Ed. 70; 1977.

Bastos LCB, Biar LA. Análise de narrativa e práticas de entendimento da vida social. Delta. 2015; 31(espec.): 97-126.

Becker HS. Métodos de pesquisa em Ciências Sociais. São Paulo: Hucitec; 1999.

Caregnato RCA, Mutti R. Pesquisa qualitativa: análise de discurso *versus* análise de conteúdo. Texto Contexto Enferm. 2006; 15(4): 679-684.

Castellanos MEP. A narrativa nas pesquisas qualitativas em saúde. Ciência & Saúde Coletiva. 2014; 19(4): 1.065-1.076.

Charon R. Narrative and Medicine. N Eng J Med. 2004; 350(9): 862-864.

Costa AP, Amado J. Análise de conteúdo suportada por *softwares*. Aveiro, Portugal: Ludomedia; 2018.

Deslandes SF. A produção de inferências: o ato político e epistêmico de interpretar. Conferência no 7º Congresso Iberoamericano em Investigação Qualitativo (CIAIQ 2018); jul./2018. Fortaleza (CE), Brasil.

Freeman S. Utilizing multi-grounded theory in a dissertation: reflections and insights. The Qualitative Report. 2018; 23(5) 1.160-1.175.

Geertz C. A interpretação das culturas. Rio de Janeiro: LTC; 2014.

Minayo MCS. O desafio do conhecimento: pesquisa qualitativa em saúde. 13. ed. São Paulo: Hucitec; 2013.

Minayo MCS. Análise qualitativa: teoria, passos e fidedignidade. Ciência & Saúde Coletiva. 2012; 17(3): 621-626.

Minayo MCS. Hermenêutica-dialética como caminho do pensamento social. In: Minayo MCS, Deslandes S, organizadores. Caminhos do pensamento – epistemologia e método. Rio de Janeiro: Fiocruz; 2002. p. 83-107.

Minayo MCS, Guerreiro ICZ. Reflexividade como *éthos* da pesquisa qualitativa. Ciência & Saúde Coletiva. 2014; 19(4): 1.103-1.112.

Mishler EG. Models of narrative analysis: a typology. Journal of Narrative and Life History. 1995; 5(2): 87-123.

Mussalim F. Análise do discurso. In: Introdução à linguística: domínios e... [publicação on-line]. Disponível em fernandamussalim.com.br

Nelson I. Navigating Grounded Theory: a critical and reflexive response to the challeges of using grounded theory in an education PhD. Critical and Reflexive Practice in Education. 2015; 4: 18-24.

Ollaik LG, Ziller HM. Concepções de validade em pesquisas qualitativas. Educ. Pesqui. 2012 mar; 38(1): 229-242.

Riessman CK. Narrative analysis. Londres: Sage Publications; 1993.

Rocha D, Duesdará B. Análise de Conteúdo e Análise do Discurso: aproximações e afastamentos na (re)construção de uma trajetória. Alea. 2005; 7(2): 305-322.

Thomas G, James D. Reinventing grounded theory: some questions about theory, ground and discovery. British Educational Research Journal. 2006; 32(6): 767-795.

Turato ER. Tratando e discutindo os dados para a contribuição do pesquisador ao repensar o conhecimento científico. In: Turato ER. Tratado da metodologia da pesquisa clínico-qualitativa. Petrópolis: Vozes; 2003.

VII
Validade, confiabilidade, reprodutibilidade e triangulação

Stella R. Taquette

VII
Validade, confiabilidade, reprodutibilidade e triangulação

Introdução

No senso comum, o conhecimento científico é considerado o único válido, quase sinônimo de verdade. Muitas vezes são feitas críticas de que certas afirmações não têm valor porque não são científicas, portanto, não estão comprovadas e por isso não são verdadeiras. Como já abordado no capítulo III sobre os fundamentos teóricos da pesquisa qualitativa, a confiança que algumas pessoas têm no conhecimento científico, considerando-o como sinônimo de verdade, é semelhante a que se tinha na Idade Média em relação à fé em Deus. E, na visão daqueles que acreditam que para ser científico tem que ser confirmado estatisticamente, as pesquisas qualitativas não têm valor, pois o conhecimento produzido na abordagem qualitativa não pode ser validado estatisticamente, ou seja, não é "comprovado".

Neste capítulo serão tratados os temas validade, confiabilidade e reprodutibilidade na pesquisa científica. Inicialmente apresenta-se um poema do escritor brasileiro Carlos Drummond de Andrade (2002: 41), intitulado "Verdade":

> A porta da verdade estava aberta,
> mas só deixava passar
> meia pessoa de cada vez.

> Assim não era possível atingir toda a verdade,
> porque a meia pessoa que entrava
> só trazia o perfil de meia verdade.
> E a segunda metade
> voltava igualmente com meio perfil.
> E os meios perfis não coincidiam.
>
> Arrebentaram a porta. Derrubaram a porta.
> Chegaram ao lugar luminoso
> onde a verdade esplendia seus fogos.
> Era dividida em metades
> diferentes uma da outra.
>
> Chegou-se a discutir qual a metade mais bela.
> Nenhuma das duas era totalmente bela.
> E carecia optar.
> Cada um optou conforme
> seu capricho, sua ilusão, sua miopia.

Esse poema ilustra magistralmente a incerteza sobre a existência de uma verdade. Nos estudos científicos tenta-se com o máximo rigor se aproximar do conhecimento verdadeiro. Existe consenso na comunidade científica de que é necessário ter critérios de qualidade e de rigor no uso do método de pesquisa. No entanto, existem divergências de como assegurar o rigor e a qualidade de estudos qualitativos.

A ciência tem o compromisso com a sociedade e os seres humanos na produção de conhecimento que gere desenvolvimento e contribua com a solução de problemas. O conhecimento científico tem grande poder potencial, pois frequentemente é utilizado na definição de políticas e estratégias em diversas áreas da sociedade. Portanto, este é um aspecto a ser considerado, pois num mundo onde a informação implica capacidade de modificar políticas, estratégias e ações, essa força potencial deve ser regulada de alguma forma, de tal maneira que os julgamentos que são emitidos, baseados nesse conhecimento, sejam legítimos às fontes de onde eles surgiram. Uma investigação realizada sem o rigor necessário pode produzir conhecimentos que não correspondem à realidade e conduzir a sociedade a caminhos incertos.

A visão de ciência das pesquisas quantitativas parte do pressuposto de que é possível conhecer o objeto em exame de forma objetiva e sem a influência do investigador, a partir de métodos neutros. Para a validação deste tipo de estudo utilizam-se instrumentos que permitem comparar a realidade dos fenômenos através de suas medidas. Na pesquisa qualitativa, a realidade é construída e o investigador interage com o sujeito investigado. O conhecimento construído é validado por interpretação. Os estudos qualitativos produzem uma interpretação da realidade e não uma verdade (Martins, 2004).

Na pesquisa qualitativa se busca descrever e compreender um fenômeno dentro de um contexto específico, e não explicá-lo ou fazer previsões. Os achados de um estudo quantitativo comprovados estatisticamente podem ser generalizados. A investigação qualitativa não visa a generalização dos achados, mas sim a possibilidade de extrapolação para situações em contextos similares (Golafshani, 2003).

A ciência, na concepção positivista, tem uma visão negativa em relação à validade da pesquisa qualitativa. É relevante e oportuna a reflexão científica sobre as concepções de validade no âmbito da pesquisa qualitativa, no sentido de contribuir para a desconstrução dessa imagem negativa e de instrumentalizá-la a demonstrar sua validade.

Conceitos de validade, confiabilidade e reprodutibilidade

Vários autores discutem os conceitos de validade e há consenso de que o modo de verificação da validade e da confiabilidade de um estudo deve ser diferente conforme a natureza do estudo, se quanti ou qualitativo. Os princípios de validade e confiabilidade têm que ser discutidos à luz dos aspectos epistemológicos e éticos associados.

Pode-se considerar validade na pesquisa qualitativa a confiança que se tem de que as conclusões de um estudo estão corretas. E, como confiabilidade, a consistência de que o procedimento utilizado na pesquisa poderá avaliar um fenômeno da mesma maneira em diferentes estudos, ou seja, pode ser reproduzido (Paiva Jr., 2011).

De acordo com Morse (2015), na investigação qualitativa, a validade e a confiabilidade estão frequentemente interligadas, com a obtenção de confiabilidade inerentemente integrada com processos de verificação da validade. Tanto o critério de confiabilidade como o de validade estão relacionados ao rigor no desenvolvimento da pesquisa. Contudo, como na pesquisa qualitativa há interação entre pesquisador e pesquisado, os dados são de natureza subjetiva e a análise é interpretativa, o que é visto como uma ameaça à validade.

Uma pesquisa científica, seja ela quanti ou qualitativa, para ter validade e confiabilidade precisa demonstrar que foi desenvolvida com rigor metodológico e ser consistente do ponto de vista teórico-conceitual. A validade de uma pesquisa, tanto quantitativa como qualitativa, é dependente desses atributos, desde a escolha e justificativa do objeto em estudo, do desenho metodológico adotado, da transparência dos procedimentos, até a discussão ampla e aprofundada dos achados. Assim é possível demonstrar que se pode acreditar nos resultados, que eles são confiáveis e válidos.

O conceito de validade contido nos dicionários diz respeito à qualidade de válido, que é aquilo que tem valor. Na pesquisa científica a concepção de validade é mais ampla. Na visão positivista da ciência, nos estudos quantitativos, uma investigação válida é aquela em que qualquer pesquisador que quiser replicá-la encontrará os mesmos resultados. Nos estudos qualitativos, a concepção de validade é vista sob outra perspectiva. Ela busca mostrar que a pesquisa foi bem-feita, que mede verdadeiramente o que o investigador se propôs a medir, o método empregado foi adequado e os resultados são consistentes (Ollaik e Ziller, 2012). Por outro lado, alguns pesquisadores medem a eficácia de seus estudos através das surpresas que experimentam no trabalho de campo (Oliveira, 2012).

De acordo com ensaio desenvolvido por Ollaik e Ziller (2012) após estudo bibliográfico comparativo, encontram-se na literatura três concepções de validade: a relacionada à formulação da pesquisa e denominada de validade prévia, que diz respeito ao objeto, justificativa, referencial teórico e escolha do método; a relacionada ao processo de desenvolvimento do estudo, que seria a validade interna; e a validade externa, relacionada aos resultados.

A validade interna de uma investigação depende de como foi desenvolvida e é aferida pela sua reprodutibilidade. Dentro de uma visão mais ampla e holística, ela diz respeito à transparência metodológica, ou seja, oferece o maior detalhamento possível do percurso metodológico para que outro pesquisador possa reproduzir o estudo, nem que seja apenas em pensamento (França Jr., 2017). Pesquisadores qualitativistas criticam a exigência de replicabilidade de um estudo para lhe conferir validade interna, pois afirmam que as ações e relações sociais são singulares em um determinado momento histórico, portanto, jamais poderão ser repetidas em sua integralidade. A impossibilidade de replicar os resultados na pesquisa qualitativa está relacionada à natureza de seu objeto e de suas premissas metodológicas (Minayo, 2013). Outros autores que estudam os aspectos epistemológicos dos métodos de validação destacam que, em sua maioria, esses métodos adotam proposições que se inserem em visões positivistas da ciência. Os métodos de validação da investigação qualitativa são desenvolvidos a partir de estratégias convencionais das pesquisas quantitativas (Cho e Trent, 2006).

A validade externa é um dos pontos mais criticados na pesquisa qualitativa, devido à sua não pretensão ou possibilidade de generalização dos resultados. O princípio da generalização pode ser entendido como o grau no qual os achados do estudo são aplicáveis em outras populações. Nos estudos quantitativos se trabalha com grandes populações e se propõe a generalização denominada nomotética, aquela em que se buscam leis universais, objetivas e invariáveis que possam ser aplicadas a diferentes pessoas de forma generalizada. Nos estudos qualitativos se estudam fenômenos particulares de forma aprofundada e a generalização denominada ideográfica, que lida com eventos singulares e mutáveis que se configuram em cada circunstância. O conhecimento produzido nesse tipo de estudo não pode ser estendido para a população geral, mas pode ser útil a populações específicas com caraterísticas similares às do grupo estudado. Utiliza-se nesse caso o termo transferibilidade de dados e não de generalização dos dados (Ventura-León, 2017).

Collingridge e Gantt (2008) destacam que é possível generalizar resultados de estudos em contextos semelhantes com certo grau de confiança, e comparam com a jurisprudência na área de Direito, onde, num precedente aplicável, a generalização é estabelecida através da análise das características semelhantes entre casos particulares.

Quando a pesquisa qualitativa é feita com critérios e cuidados rigorosos, é capaz de identificar a lógica interna do grupo pesquisado. Qualquer outro pesquisador que tentar reproduzir a pesquisa deverá encontrar os "mesmos" resultados ou semelhantes. Variações individuais existem e a realidade é dinâmica e processual, porém, existe um núcleo central, ou seja, uma lógica interna que é a mesma a ser identificada por qualquer pesquisador (Minayo, 2013).

Outro aspecto apontado na literatura que pode ser utilizado como critério de validade é o uso da evidência em pesquisas qualitativas. Oliva (2011), em revisão bibliográfica, discute a viabilidade de articular evidências de estudos qualitativos à tomada de decisão em saúde, levando em consideração suas limitações. O autor observou o uso da evidência qualitativa na saúde pública e nas políticas públicas de saúde e um interesse crescente dos pesquisadores pela pesquisa qualitativa, embora seja mais fácil trabalhar com estudos quantitativos. A evidência qualitativa em saúde ainda não encontrou seu pleno desenvolvimento. No entanto, por se tratar de uma técnica incipiente, sua aplicação complementa as evidências clínicas, gerando uma visão abrangente do entendimento do fenômeno saúde e doença. Evidência qualitativa tem um uso real na saúde, e acredita-se que aumentará na medida em que os pesquisadores conseguirem finalmente se deslocar das Ciências Sociais para as Ciências da Saúde, onde atualmente os maiores esforços são feitos para sua compreensão e aplicabilidade em cenários novos e complexos.

Aferição da validade e confiabilidade

A aferição da validade de um estudo científico depende da natureza da abordagem da realidade. Um estudo qualitativo não é validado da mesma forma que um estudo quantitativo. Existem diferentes propostas relacionadas a como conferir a validade de um estudo, mas há unanimidade da necessidade de garanti-la.

Para um leitor avaliar se concorda ou não com certas interpretações de estudos qualitativos, é importante explicar as posições que os pesquisadores adotaram para realizá-las. Trata-se da "credibilidade" como critério específico de validação interna, tentando estabelecer conexões entre as realidades construídas pelos participantes e as dos pesquisadores. A transmissibilidade ou transferibilidade dos resultados de um estudo qualitativo é correspondente à generalização dos dados nos estudos quantitativos (Cornejo e Salas, 2011).

Pode-se aumentar a confiabilidade externa de um estudo qualitativo tomando-se determinados cuidados. O pesquisador deve se manter de forma a não interferir nos resultados e ter conhecimento claro do caminho interpretativo a ser tomado. A descrição dos métodos de coleta e análise dos dados deve ser transparente. O projeto deve ter o maior número de informações possíveis adquiridas por meio de estudo bibliográfico extenso e intenso. Uma pesquisa qualitativa exige reflexão profunda através da imersão no objeto de pesquisa, dedicando tempo e acompanhando o inesperado. É preciso buscar todos os materiais admissíveis, tratar as questões emocionais e debater internamente com a equipe para a troca de impressões e informações. Alguns autores consideram importante também checar impressões e anotações e perguntar ao pesquisado se as inferências construídas pelo pesquisador são adequadas (Minayo, 2013; Ferreira, 2015).

Para Morse (2015), as estratégias para garantir a validade de uma pesquisa qualitativa são o envolvimento prolongado, a observação persistente com descrição densa e rica, a análise de casos negativos, a revisão por pares e a triangulação. Entretanto, Morse, que é editora do periódico *Qualitative Health Research*, não recomenda a devolução dos resultados aos participantes para checagem das interpretações como critério de validação dos estudos qualitativos. Segundo a autora, isso não é feito em nenhum outro tipo de pesquisa; os resultados da pesquisa são uma síntese dos dados analisados e o participante pode não reconhecer sua própria história no texto final. Ademais, a expertise do pesquisador em teoria e métodos deve superar a do participante como um juiz da análise. Outros pesquisadores discordam, afirmando ser útil e necessária a restituição de dados, em especial nas pesquisas etnográficas. Ela permite ao pesquisador validar suas análises, buscando novos pontos de vista e interrogações. Exercitando a reflexividade este chegará a novas interpretações (Ferreira, 2015).

A revisão de relatórios e artigos de pesquisa por pares é uma das estratégias aceitas pela comunidade científica internacional para validação da pesquisa. É o critério utilizado por quase todos os editores de periódicos científicos na avaliação da qualidade de manuscritos para publicação. Entretanto, sabe-se que o sistema de revisão por pares pode ser tendencioso, injusto, incompleto e às vezes até depreciativo e mal feito (Pearon, 2015).

Os critérios de validação da pesquisa quantitativa não são aplicáveis à pesquisa qualitativa. Devido às características da pesquisa qualitativa como seu caráter interpretativo e a subjetividade presente em todo o desenvolvimento da pesquisa, os critérios de validade e confiabilidade adotam aspectos particulares. Nos estudos compreensivos pode-se avaliar credibilidade como um critério análogo de validade interna e a transferibilidade como análogo de validade externa.

Outro tipo de validação pode ser feito através de perguntas semelhantes às contidas nos *guidelines* construídos para avaliar a qualidade de manuscritos submetidos à publicação, como o Coreq e o Rats (descritos em detalhes no capítulo X). Em estudo de revisão sobre o rigor científico das pesquisas qualitativas, Valencia e Mora (2011) fazem uma síntese de questões que servem como um guia de avaliação dos elementos que são necessários para todas as investigações qualitativas. Essas questões, resumidas a seguir, são semelhantes às contidas no Coreq e nas diretrizes Rats. São elas:

• O objeto e o objetivo da pesquisa estão claros e relacionados entre si?
• A revisão de literatura é relevante, ampla e bem argumentada?
• O método escolhido é adequado ao objeto e ao objetivo do estudo?
• As técnicas escolhidas são adequadas e estão explícitas, assim como os critérios de amostragem?

- A coleta de dados foi feita adequadamente e as alterações por ventura realizadas estão justificadas?
- Os resultados são demonstráveis, plausíveis e sustentados? Estão suficientemente analisados e interpretados?
- A discussão faz conexões com outros estudos da literatura científica?
- O estudo informa suas limitações e apresenta os aspectos éticos dos riscos e benefícios do mesmo?
- A forma como está apresentado o estudo é clara, coerente e organizada?

Pode-se perceber por meios desses critérios que uma investigação científica válida, confiável, cujos resultados podem ser transferidos implica rigor em todas as suas etapas.

Como já reportado, não há consenso sobre os padrões pelos quais pesquisas qualitativas devem ser julgadas. Noble (2015) sugere uma terminologia sobre validade e confiabilidade mais adequada à pesquisa qualitativa. A validade das pesquisas quanti é substituída pelo valor da verdade, a confiabilidade pela consistência e a generalização pela aplicabilidade. A autora indica nove estratégias para garantir a fidedignidade de um estudo qualitativo:

1) identificar os possíveis vieses da pesquisa que podem ter influenciado os resultados;

2) reconhecer os vieses e refletir crítica e continuamente sobre os procedimentos metodológicos para assegurar profundidade e relevância suficientes da coleta e análise de dados;

3) conservar meticulosamente os registros, demonstrando uma clara trilha de decisão e assegurando interpretações de dados, de forma consistente e transparente;

4) estabelecer comparações, buscando semelhanças e diferenças para assegurar que diferentes perspectivas sejam representadas;

5) incluir descrições textuais ricas e densas dos relatos dos participantes para apoiar os achados;

6) demonstrar clareza em termos de processos de pensamento durante a análise de dados e interpretações subsequentes;

7) associar-se com outros pesquisadores para reduzir o viés de pesquisa;

8) convidar os participantes a comentar se os temas e conceitos finais criados refletem adequadamente os fenômenos que estão sendo investigados;

9) triangular os dados, utilizando diferentes métodos e perspectivas para produzir um conjunto mais abrangente de achados.

Ullrish et al. (2012) em ensaio teórico discutem e problematizam sobre a confiabilidade e a validade nas pesquisas qualitativas. A discussão apresentada propõe uma avaliação da confiabilidade para além dos procedimentos metodológicos empregados. Sugere partir em direção à reflexividade analítica na qual se articulam as proposições do estudo à realidade social onde está sendo conduzido, reconhecendo as diversas possibilidades teórico-empíricas de análise e situando sócio-historicamente as escolhas realizadas pelo pesquisador. Nessa mesma linha, Pyett (2003) afirma que a pesquisa qualitativa e, em especial a análise qualitativa, envolve autocrítica e reflexividade contínua. Entende-se reflexividade como a avaliação continuada das respostas subjetivas, da dinâmica intersubjetiva e do próprio processo de pesquisa. As interpretações iniciais devem ser reinterpretadas com informações adicionais. Bons pesquisadores qualitativos sabem que não há como evitar o tedioso trabalho de retornar uma e outra vez aos dados para verificar se a interpretação é fiel às informações coletadas, além do que no mundo real o trabalho de campo sempre reserva surpresas. A reflexividade inclui a checagem da análise e da interpretação não apenas com a literatura acadêmica, mas também com a população que está sendo pesquisada, trabalhando de forma colaborativa.

Triangulação

Outra forma apontada pelos estudiosos para conferir confiabilidade a um estudo qualitativo é a triangulação que, segundo Ollaik (2012), seria a conferência dos resultados da pesquisa com os informantes para saber se eles confirmam a interpretação do pesquisador sobre a realidade deles. Entretanto, pode-se observar na literatura científica que o termo triangulação de métodos adquire significados diversos (Taquette e Minayo, 2016), sendo seu principal fundamento proporcionar visões do fato social sob diversos ângulos e assim ter maior chance de se aproximar do conhecimento da realidade vivida e interpretada pelo ator social.

A triangulação de métodos prevê múltiplos olhares sobre a mesma realidade social, a articulação entre o qualitativo e o quantitativo em busca de entender de forma intensa e extensa os processos sociais. Ela pressupõe a junção de diferentes ancoragens metodológicas e pesquisadores de formações científicas diversas dialogando num esforço mútuo de compreensão da realidade social (Gomes, 2005). Pode-se falar de triangulação quando se utiliza numa mesma pesquisa as abordagens quanti e qualitativa; ou quando numa investigação qualitativa são utilizados variados instrumentos para coleta de dados (observação + entrevista + grupo focal); quando a coleta de dados é realizada com interlocutores de diferentes inserções sociais (médicos, pacientes, familiares); ou quando a equipe do estudo conta com profissionais de áreas distintas (médicos, assistente sociais, enfermeiras, estatísticos, psicólogos, cientistas sociais, entre outros).

A triangulação busca a compreensão multidimensional do problema a fim de evitar distorções de um único olhar e tem como objetivo principal aumentar a validade e a confiabilidade da pesquisa, evitando vieses. A compreensão múltipla pode se dar através de diferentes fontes de dados ou de informações, de pesquisadores de diferentes formações, de diferentes abordagens metodológicas e de diferentes técnicas de coleta de dados. Através da triangulação aumentam-se as probabilidades de uma interpretação mais próxima da realidade.

Um exemplo de triangulação de métodos, mesmo não tendo sido denominado como tal, foi o estudo desenvolvido por Groleau (2009). Em artigo em que discute a generalização de resultados de pesquisas qualitativas, o autor propõe que a investigação qualitativa seja feita em vários estágios para melhorar sua validade interna e externa. Ele apresenta estudo realizado com mães sobre o aleitamento materno, com o objetivo de compreender por que algumas se recusam a amamentar. Primeiro desenvolveu três grupos focais e obteve um resultado. Em seguida, realizou entrevistas semiestruturadas com as mães. Por fim, realizou mais sete grupos focais com mães e um *workshop* com profissionais de saúde. Os resultados evidenciaram que o desenho qualitativo em múltiplos estágios é viável e pode melhorar a validade interna e externa dos resultados qualitativos.

Referências

Andrade CD. Corpo. Rio de Janeiro: Record; 1987.

Arias MM, Giraldo CV. El rigor científico em la investigación cualitativa. Invest Educ Enferm. 2011; 29(3): 500-514.

Biomed Central. Qualitative research review guidelines – Rats. [Copyright Clark HP: How peer review a qualitative manuscript]. In: Godlee F, Jerfferson T, edit. Peer Review in Health Sciences. 2nd. ed. Londres: BMFBooks; 2003. p. 219-235 [documento on-line; acesso em 27 fev 2019]. Disponível em https://bmjopen.bmj.com/content/suppl/2012/01/12/bmjopen-2011-000138.DC1/BMJ_Open_IMG_Physician_Migration_RATS_Checklist.pdf

Cho J, Trent A. Validity in qualitative research revisited. Qualitative Research Journal; 2006; 6(3): 319-340.

Collingridge DS, Gantt EE. The quality of qualitative research. American Journal of Medical Quality. 2008; (23): 389-395.

Cornejo M. Rigor y calidad metodológicos: un reto a la investigación social cualitativa. Psicoperspectivas. 2011; 10(2): 12-34.

Ferreira J. Restituição dos dados na pesquisa etnográfica em saúde: questões para o debate a partir de experiências de pesquisas no Brasil e na França. Ciência & Saúde Coletiva. 2015; 20(9): 2.641-2.648.

França Jr. I. Diálogo entre editores científicos em saúde e cientistas que produzem estudos qualitativos. Ciência & Saúde Coletiva. 2017; 22(1): 14-15.

Golafshani N. Understanding reliability and validity in qualitative research. The Qualitative Report. 2003; 8(4): 597-607.

Gomes R, Souza ER, Minayo MCS, Malaquias JV, Silva CFR. Organização, processamento, análise e interpretação dos dados: o desafio da triangulação. In: Minayo MCS, Assi SG, Souza ER, organizadores. Avaliação por triangulação de métodos. Rio de Janeiro: Fiocruz; 2005. p. 185-222.

Groleau D, Zelkowitz P, Cabral IE. Enhancing generalization: moving from an intimate to a political voice. Qualitative Health Research. 2009; 19(3): 416-426.

Jiménez ME. Desafíos de la investigación cualitativa en salud. Gac Med Bol. 2011; 34(2): 105-106.

Lincoln IS. Sympathetic connections between qualitative methods and health research. Qualitative Health Research. 1992; 2(4): 375-391.

Martínez-Salgado C. El muestreo en investigación cualitativa. Principios básicos y algunas controversias. Cien Saude Colet. 2012; 17(3): 613-619.

Martins HHTS. Metodologia qualitativa de pesquisa. Educação e Pesquisa (São Paulo). 2004; 30(2): 289-300.

Minayo, MCS. O desafio do conhecimento: pesquisa qualitativa em saúde. 13. ed. São Paulo: Hucitec, 2013.

Morse J. Critical analysis of strategies for determining rigor in qualitative inquiry. Qualitative Health Research. 2015; 25(9): 1.212-1.222.

Noble H, Smith J. Isseus of validity and reliability in qualitative research. Evid Based Nurs. 2015; 18(2): 34-35.

Ollaik LG, Ziller HM. Concepções de validade em pesquisas qualitativas. Educ. Pesqui. 2012 mar; 38(1): 229-242.

Oliva P, Buhring K. Investigación cualitativa y evidencia en salud: respuestas fundamentales para su comprensión. Rev Chil Salud Pública. 2011; 15(3): 173-179.

Oliveira ALO et al. Sobre fazer ciência na pesquisa qualitativa: um exercício avaliativo. Rev. Saúde Pública. 2012; 46 (2): 392-394.

Pearson A, Jordan Z, Lockwood C, Aromataris E. Notions of quality and standards for qualitative research reporting. International Journal of Nursing Practice. 2015; 21: 670-676.

Pyett PM. Validation of qualitative research in the "real world". Qualitative Health Research. 2003; 13(8): 1.170-1.179.

Taquette SR, Minayo MCSM. Physis. Revista de Saúde Coletiva. 2016; 26(2): 417-434.

Tong A, Sainsbury P, Craig J. Consolidated criteria for reporting qualitative research (Coreq): a 32-item checklist for interviews and focus groups. International Journal for Quality in Health Care. 2007; 19(6): 349-357.

Ullrich DR, Oliveira JS, Basso K, Visentini MS. Reflexões teóricas sobre confiabilidade e validade em pesquisas qualitativas: em direção à reflexividade analítica. Revista de Administração da PUC-RS (Porto Alegre). 2012; 23(1): 19-30.

Ventura-León JL, Barboza-Palomino M. Es posible generalizar en estudios cualitativos? Ciência & Saúde Coletiva. 2017; 22(1): 32.

VIII
Aspectos éticos da pesquisa qualitativa

Stella R. Taquette

VIII
Aspectos éticos da pesquisa qualitativa

Surgimento das normas éticas em pesquisa com/em seres humanos

As normas éticas em pesquisa *com* ou *em* seres humanos foram criadas, aperfeiçoadas ao longo do tempo e estão em constante revisão. Têm como principal objetivo proteger o indivíduo pesquisado, garantir sua integridade e prevenir qualquer dano que por ventura possa sofrer ao participar de um estudo científico. Elas surgiram a partir da constatação de condutas impróprias da prática científica, principalmente com os indivíduos vulneráveis durante a Segunda Guerra Mundial, pela Alemanha nazista.

O julgamento em Nuremberg dos criminosos da Segunda Guerra Mundial deu origem ao Código de Nuremberg, primeiro conjunto de normas visando a ética em pesquisa científica (Kottow, 2008). Entretanto, mesmo após a criação desse código, muitos estudos antiéticos que violavam direitos humanos no período pós-guerra continuaram acontecendo e marcaram o contexto internacional de desenvolvimento científico. Devido a isso, a Associação Médica Mundial tomou a iniciativa de discutir o tema "ética em pesquisa" em sua oitava assembleia, ocorrida no ano de 1964 em Helsinque, na Finlândia. Essa assembleia deu origem a um documento norteador das pesquisas científicas denominado de "Declaração de Helsinque", que vem sendo revisado periodicamente para acompanhar as mudanças no mundo científico.

Outro impulso na regulação da ética em investigações científicas foi dado pelo Relatório Belmonte em 1978, resultado do trabalho de 4 anos de uma Comissão Nacional para Proteção de Sujeitos Humanos nas Pesquisas nos EUA. Esta comissão foi criada após várias denúncias de estudos antiéticos desenvolvidos com seres humanos. O Relatório Belmont apontou como diretrizes para a prática de pesquisa três princípios éticos fundamentais:
- respeito pelas pessoas, ou seja, nenhuma pesquisa pode ser feita à revelia do sujeito pesquisado, o que foi concretizado no processo de elaboração e obtenção do termo de consentimento informado para realização da pesquisa;
- beneficência, que significa que o benefício ao pesquisado está acima do interesse da pesquisa – em primeiro lugar está a garantia do bem-estar do pesquisado em detrimento de danos que possam acontecer;
- justiça, de forma que todos os interessados possam participar de protocolos cujos resultados tragam benefícios diretos aos mesmos.

Esses princípios éticos para pesquisa vão além do que se considera como ética profissional. Espera-se que um pesquisador ético saiba distinguir atuações corretas das incorretas, como, por exemplo, ter o compromisso de não adulterar nenhuma das etapas da pesquisa, não manipular resultados nem sua publicação, não plagiar trabalhos de outros pesquisadores, não se apropriar de bens materiais ou intelectuais, entre outros. Esses aspectos dizem respeito à ética e à integridade do trabalho científico e à confiabilidade dos resultados produzidos, mas não necessariamente à ética em relação à integridade e ao bem-estar dos investigados (Kottow, 2008).

A Declaração de Helsinque promoveu um avanço na ética em pesquisa ao assinalar em sua introdução que o bem-estar dos participantes deve prevalecer sobre os interesses da ciência e da sociedade. O pesquisador pode ser ético no sentido da ética profissional e não necessariamente em relação ao pesquisado, quando, por exemplo, conduz uma pesquisa que vai beneficiar um coletivo de pessoas, mas prejudica aquele que está sendo pesquisado.

Ética em pesquisa no Brasil

No Brasil, em 1996 foi aprovada pelo Conselho Nacional de Saúde a Resolução n. 196/96, que dispõe de normas específicas referentes à ética na pesquisa envolvendo seres humanos (Brasil, 1996). A sua elaboração contou com grupo de trabalho multidisciplinar e pluralista composto por pessoas de áreas de atuação diversas como médicos, enfermeiros, teólogos, engenheiros, farmacêuticos, odontólogos e representantes dos usuários do Sistema de Saúde (Hossne, 2003).

A Resolução n. 196/96 foi estruturada com base em pesquisas de natureza biomédica quantitativas e, devido a isso, sofreu muitas críticas por parte de pesquisadores das áreas sociais e humanas que trabalham com metodologias qualitativas, pois suas pesquisas não se enquadram nas exigências dessa resolução. Vários itens da resolução são inadequados às pesquisas de natureza qualitativa. Em 2012, em substituição à Resolução n. 196 foi aprovada a Resolução n. 466/12, com aperfeiçoamento de alguns pontos, porém ainda mantendo a própria lógica biomédica, persistindo os mesmos problemas a serem enfrentados por pesquisadores qualitativos (Brasil, 2012). Segundo Guerriero (2013), a principal incongruência da Resolução n. 196 em relação às pesquisas das Ciências Sociais e Humanas é a forma como se vê o participante do estudo. Nas Ciências Naturais pesquisa-se *em* seres humanos e, nas Ciências Humanas, *com* seres humanos. O conhecimento é construído na relação pesquisador/pesquisado. A vulnerabilidade do participante de uma pesquisa biomédica difere da vulnerabilidade das pesquisas qualitativas, pois essas últimas não envolvem procedimentos invasivos, testes de medicamentos, exames. Inclusive, há pesquisas qualitativas em que o pesquisador se encontra numa situação de maior vulnerabilidade do que o pesquisado, nas quais também deveria ser protegido. Exemplos: o sujeito de pesquisa a ser entrevistado ocupa lugar de poder superior ao do entrevistador; pesquisador conduz estudo que revela graves irregularidades no seu próprio local de trabalho que, se reveladas, colocam em risco seu emprego ou até a sua vida. Em outras circunstâncias, a exigência da assinatura do termo de consentimento livre e esclarecido (Tcle) inviabiliza a realização da pesquisa, como nos casos em que o objeto de estudo são práticas ilegais, a exemplo do aborto ou do tráfico de drogas (Guerriero, 2013).

As discussões em torno das inadequações das Resoluções n. 196/96 e 466/12 culminaram na aprovação da Resolução n. 510/16, em 07 de abril de 2016 (Brasil, 2016). Em seu art. 1º dispõe sobre normas aplicáveis a pesquisas em Ciências Humanas e Sociais cujos procedimentos metodológicos envolvam a utilização de dados diretamente obtidos com participantes, ou de informações identificáveis, ou que possam acarretar riscos maiores do que os existentes na vida cotidiana. Em parágrafo único do art. 1º, a Resolução n. 510 dispõe sobre os tipos de pesquisa que não devem ser registradas nem avaliadas pelo sistema Cep/Conep. A Resolução n. 510 avançou ao incluir um artigo sobre os princípios éticos das pesquisas em Ciências Sociais destacando suas especificidades que, em alguns casos, vão de encontro às normas das pesquisas biomédicas.

Ética em pesquisas qualitativas

As pesquisas de natureza qualitativa são mais comumente desenvolvidas nas áreas das Ciências Humanas e Sociais. Apesar de serem realizadas *com* pessoas e não *em* pessoas e, de não envolverem procedimentos de risco diretos aos participantes, não são isentas de risco e podem provocar danos em todas as suas fases. O risco em participar de uma pesquisa inclui a possibilidade de prejuízos à dimensão física, psíquica, moral, intelectual, social, cultural do ser humano, em qualquer etapa da pesquisa dela decorrente e *a posteriori*.

A Resolução n. 510 define pesquisas em Ciências Humanas e Sociais como aquelas que se voltam para o conhecimento, compreensão das condições, existência, vivência e saberes das pessoas e dos grupos, em suas relações sociais, institucionais, seus valores culturais, suas ordenações históricas e políticas, além de suas formas de subjetividade e comunicação, de forma direta ou indireta, incluindo as modalidades de pesquisa que envolvam intervenção. Há registros diversos de pesquisas com método qualitativo que resultaram em severos danos aos participantes, a exemplo de estudo relatado por Kottow (2008) em que o pesquisador, um psicólogo, pesquisou sobre o tema "obediência". O estudo foi desenvolvido na década de 1960. Nessa investigação os participantes eram ordenados a dar choques elétricos em pessoas como forma de punição quando elas cometiam determinados erros. O objetivo era verificar até onde ia o grau de obediência dos indivíduos às ordens. As pessoas que recebiam os "choques" (que eram falsos) eram atores que simulavam uma reação física à descarga elétrica, que ia aumentando conforme a intensidade do choque que recebiam. Muitos participantes chegaram a dar choques com carga supostamente mortal, sem saberem que não eram reais, o que lhes provocou danos psicológicos graves. Isso demonstra que os estudos das Ciências Sociais e Humanas, mesmo não havendo experimentos com medicamentos ou envolvendo doentes, podem provocar prejuízos severos aos participantes, ainda que esses danos não sejam orgânicos nem empiricamente mensuráveis.

Não é ético desenvolver uma pesquisa sem que a mesma seja claramente explicitada ao participante, com justificativa, objetivos, potenciais riscos e benefícios. Por outro lado, toda pesquisa que direta ou indiretamente provoque algum dano ao participante deve prever em seu protocolo a assistência necessária ao mesmo, a indenização por qualquer efeito decorrente da pesquisa e também o ressarcimento de despesas que por ventura tenha por participar da mesma.

A ética na pesquisa é uma condição inseparável de uma investigação qualitativa bem conduzida. Se falta a ética, não há qualidade nos dados (Guerriero, 2008). Existe uma relação indissociável entre método e ética em pesquisa. A ética perpassa todo o estudo, desde a sua concepção, suas bases teóricas, objetivos, percurso metodológico, interpretação e divulgação de resultados (Schmidt, 2008).

Toda investigação com seres humanos deve passar pela aprovação de um Comitê de Ética em Pesquisa antes de ser realizada. Porém, a ética na pesquisa não se restringe a essa aprovação e os problemas éticos envolvidos não se esgotam aí. Diniz (2008) ressalta que várias decisões éticas devem ser tomadas durante o processo de pesquisa, pois no trabalho de campo frequentemente surgem questões não previstas. As surpresas que surgem no campo nas pesquisas qualitativas obrigam reflexões éticas durante todo o percurso do estudo e não só na elaboração do projeto. Por exemplo, nas investigações qualitativas é comum o pesquisador apresentar seus dados ao pesquisado e também ele poderá ser coautor das publicações sobre o estudo. Isso é uma questão ética a ser discutida e acordada com o pesquisado.

Minayo e Gerriero (2014) ressaltam que há uma distinção entre as exigências dos Comitês de Ética e a ética da pesquisa propriamente dita. A ética da pesquisa tem um significado mais abrangente, pois inclui a responsabilidade do pesquisador com o sentido social do trabalho, das relações entre pesquisador e pesquisado, das relações com os financiadores da pesquisa, dos estudantes envolvidos, dos compromissos com a comunidade científica, com a divulgação dos resultados etc. O que ocorre no contexto empírico da pesquisa pode afetar e é afetado pelo pesquisador, por seu trabalho e por sua vida real. Na pesquisa qualitativa não se coletam dados, se gera material na relação do pesquisador com o pesquisado.

No trabalho de campo é necessário um comportamento ético por parte do pesquisador no seu envolvimento com o sujeito da pesquisa, na análise dos dados gerados e na divulgação dos resultados. Durante todo o processo da pesquisa o pesquisador deve observar a influência que tem sobre os outros. Essa interação existente entre pesquisador e pesquisado pode provocar mudanças em ambos, tanto positivas quanto negativas. Podem surgir relações de amizade ou mesmo amorosas entre pesquisador e pesquisado. O envolvimento entre pesquisador e pesquisado pode levar a uma participação mais efetiva do último no estudo, por exemplo, contribuindo para a análise dos dados e, em consequência, dividindo a autoria do mesmo em relatórios e publicações futuras. O autor de um trabalho deve identificar seu lugar, de onde está falando, pois isso significa reconhecer que não existe uma pessoa que tudo enxerga, nem uma verdade única e universal (Minayo e Gerriero, 2014).

Referências

Brasil. Resolução n. 510/2016. Ministério da Saúde. Conselho Nacional de Saúde. [documento on-line; acesso em 07 mar 2019]. Disponível em http://www.conselho.saude.gov.br/resolucoes/2016/Reso510.pdf

Brasil. Resolução n. 466/2012. Ministério da Saúde. Conselho Nacional de Saúde [documento on-line; acesso em 07 mar 2019]. Disponível em http://conselho.saude.gov.br/resolucoes/2012/Reso466.pdf

Brasil. Resolução n. 196/1996. Ministério da Saúde. Conselho Nacional de Saúde [documento on-line; acesso em 07 mar 2019]. Disponível em http://conselho.saude.gov.br/Web_comissoes/conep/aquivos/resolucoes/23_out_versao_final_196_ENCEP2012.pdf

Diniz D. Ética na pesquisa em ciências humanas: novos desafios. Ciência & Saúde Coletiva. 2008; 13(2): 417-426.

Guerriero ICZ. Síntese das reflexões da reunião sobre ética em pesquisa qualitativa em saúde, Guarujá – SP. Ciência & Saúde Coletiva. 2008; 13(2): 459-463.

Guerriero ICZ, Minayo MCS. O desafio de revisar aspectos éticos das pesquisas em ciências sociais e humanas: a necessidade de diretrizes específicas. Physis. 2013; 23(3): 763-782.

Hossne WS. The power and the injustices of research involving human beings. Interface – Comunic, Saúde, Educ. 2003; 7(12): 55-70.

Kottow M. História da ética em pesquisas com seres humanos. Reciis – Revista Eletrônica de Comunicação, Informação & Inovação em Saúde. 2008; 2(Supl 1): Supl 7-Supl 18.

Minayo MCS, Guerriero ICZ. Reflexividade como éthos da pesquisa qualitativa. Ciência & Saúde Coletiva. 2014; 19(4): 1.103-1.112.

Schmidt MLS. Pesquisa participante e formação ética do pesquisador na área da saúde. Ciência & Saúde Coletiva. 2008; 13(2): 391-398.

IX
Construção de um projeto de pesquisa qualitativa

Stella R. Taquette

IX
Construção de um projeto de pesquisa qualitativa

Pesquisa científica

Como foi visto em capítulos anteriores, o conceito que se tem de ciência hoje surgiu a partir da revolução galileliana que marcou a passagem da Idade Média para a Idade Moderna. Pesquisa é a atividade básica da Ciência na busca de respostas às inquietações dos seres humanos em sociedade.

Os questionamentos que levam pesquisadores a fazer uma investigação científica são de variados tipos. Podem ser questões da natureza e da vida que ainda são desconhecidas, problemas da prática profissional sem solução, inquietações que surgem no cotidiano do trabalho, testes de medicamentos na cura de doenças, testes genéticos na produção de sementes e tantos outros.

Para se desenvolver uma boa pesquisa é importante que o tema seja de interesse do pesquisador e advindo de suas próprias inquietações. As fontes de consulta sobre o tema têm que ser acessíveis e possíveis de serem manejadas. E o pesquisador deve ser capaz de escolher o método mais adequado para o seu objeto de pesquisa e saber utilizá-lo a contento.

Projeto de pesquisa

Projeto de pesquisa é uma proposta de investigação científica com vistas à resolução de problemas, a dar solução aos questionamentos que surgem no exercício profissional etc... Trata-se de um mapeamento do caminho a ser seguido durante uma investigação científica que é a forma como o mundo científico se comunica.

Toda pesquisa científica começa com uma pergunta que se quer responder. É ela que define o objeto e o objetivo da pesquisa. Inicialmente essa pergunta pode ser um pouco vaga e não estar muito clara, mas, na medida em que o pesquisador busca conhecimento já produzido sobre o tema da pesquisa, ele consegue delimitar melhor a sua questão e elaborar um projeto que possa encontrar respostas às suas dúvidas. Não é possível ir ao campo sem ter clareza da pergunta de pesquisa, pois se não se sabe o que se está procurando, o trabalho fica sem sentido. Portanto, a primeira etapa de um projeto de pesquisa é definir a pergunta de pesquisa.

Alguns exemplos de situações e problemas no campo da saúde e perguntas de pesquisa suscitadas:

1) incidência de câncer de pulmão é maior entre fumantes – *O cigarro provoca câncer?*

2) A mortalidade materna é maior entre afrodescendentes – *O racismo aumenta o risco de morte das mulheres negras?*

3) A incidência de Aids está aumentando entre HSH (homens que fazem sexo com homens) adolescentes – *Que fatores contribuem para este aumento?*

4) A incidência de sífilis congênita é alta, apesar da facilidade e baixo custo do diagnóstico e tratamento – *Por que isso acontece? Quais são as falhas que ocorrem nesse processo durante o período de gravidez e parto?*

A etapa seguinte à definição da pergunta de pesquisa é a elaboração do protocolo/projeto de pesquisa e, posteriormente, o desenvolvimento do estudo e a análise de resultados. Por fim, relatar e divulgar os resultados do mesmo.

Pode-se dividir o ciclo da pesquisa em três fases. A inicial é denominada de fase exploratória, durante a qual é realizado o planejamento do trabalho de campo. Trata-se de uma fase de grande importância. Se não for bem-feita, terá repercussões em todo processo da pesquisa, podendo inclusive inviabilizá-la, ou seja, esta etapa compromete as fases seguintes. Ela inclui a definição do objeto de pesquisa e seus objetivos, o método a ser utilizado, as técnicas de coleta de dados, os roteiros que guiarão o trabalho de campo, a escolha do campo de pesquisa e dos sujeitos que irão participar, as estratégias de entrada no campo, os aspectos éticos envolvidos na pesquisa, o cronograma do estudo e os recursos necessários para a pesquisa como um todo. A segunda fase é o trabalho de campo propriamente dito, com a coleta dos dados empíricos. A terceira e última fase é a da análise dos dados coletados, que inclui ordenação, descrição, compreensão, interpretação e relatório final.

Elaboração de um projeto de pesquisa

Didaticamente pode-se dizer que um projeto de pesquisa tem quatro partes principais: "o quê", "o por quê", "o para quê" e "o como".

"O quê" é o objeto da pesquisa, o problema a ser estudado, o tema referente à pergunta da pesquisa. A escrita sobre o objeto de pesquisa deve conter a base teórico-conceitual que é desenvolvida por meio de levantamento bibliográfico minimamente satisfatório que permita estabelecer o que se tem de conhecimento produzido sobre o tema da pesquisa, levantar hipóteses e pressupostos.

"O por quê" é a justificativa do estudo, que é diferente do "para quê", que é o objetivo. Muitos pesquisadores iniciantes confundem justificativa com objetivo do estudo. A justificativa é a importância do problema que será investigado e também a extensão da contribuição que o estudo poderá trazer.

"O para quê" informa o objetivo do estudo, seu propósito. O objetivo é derivado da pergunta de pesquisa, é o que tem que ser feito para respondê-la. Todos os passos a serem realizados numa pesquisa são direcionados ao atendimento dos objetivos.

"O como" é o método a ser adotado no estudo que é dependente do objeto da pesquisa. Ou seja, o que define o método é o objeto da pesquisa. Para alguns problemas de pesquisa pode-se utilizar uma combinação de métodos, quali e quantitativos.

Outros elementos fazem parte de um projeto de pesquisa: o cronograma, que organiza temporalmente todos os passos que serão dados na pesquisa desde o princípio até o seu final; o financiamento, ou seja, com que recursos o estudo será desenvolvido; e a equipe de pesquisa, que inclui o coordenador, pesquisadores, pesquisadores de campo, alunos e estagiários.

Elaboração de um protocolo de pesquisa

Protocolo de pesquisa é um documento que descreve todas as etapas previstas em uma pesquisa, desde a identificação da pergunta até a utilização dos resultados. Trata-se de um documento que apresenta um plano de trabalho com definição de todas as atividades que ainda serão desenvolvidas. Deve ser escrito no tempo verbal futuro, pois se refere a fatos que ainda vão acontecer. Um protocolo de pesquisa em geral tem como finalidade concorrer em editais para obtenção de recursos que viabilizem o estudo, aprovação em programas de pós-graduação etc. Um protocolo bem elaborado oferece a garantia de factibilidade e qualidade do estudo.

Os principais itens de um protocolo de pesquisa estão descritos a seguir:
1) Capa – Folha de rosto: deve conter o título do trabalho, as pessoas responsáveis (autores e coautores), a(s) instituição(ões) promotora(s) da pesquisa com endereço, telefone, e-mail.
2) Sumário – itens que compõem o protocolo de pesquisa com respectivas páginas.
3) Resumo – relato sintético do conteúdo do projeto com introdução, justificativa, objetivos, métodos e resultados esperados.
4) Introdução – deve conter o que já se conhece sobre o assunto pesquisado, o que falta conhecer e como o estudo se propõe a suprir essa falta. O conteúdo da introdução é elaborado por meio de revisão bibliográfica, a mais ampla e aprofundada possível, com os autores clássicos e atuais do tema da pesquisa. As principais fontes bibliográficas são: artigos, livros, documentos, dissertações, teses; e as bases de dados SciELO, Medline, Periódicos Capes, Scholargoogle, banco de tese Capes, entre outras.
5) Justificativa – o estudo pode ser importante pelo tema que aborda, pela população que envolve, pela área geográfica, por experiências pré-

vias das instituições envolvidas; pode fazer parte de um estudo maior ou ser a continuidade de um projeto anterior.

6) Base teórica conceitual – contém os pressupostos teóricos que conduzirão a análise dos dados, os conceitos e as categorias de análise que serão utilizadas.

7) Objetivos – existem duas formas de apresentar os objetivos: o objetivo geral e os específicos e o objetivo principal e os secundários.

O objetivo geral é o propósito integral da pesquisa e os específicos são os passos necessários para se atingir o objetivo geral.

O objetivo principal é aquele que é imperativo responder, o mais importante e não depende dos objetivos secundários para ser alcançado. Ele é que guiará a escolha do método a ser utilizado. Os objetivos secundários são perguntas as quais se tenta responder no contexto da pesquisa secundariamente, como o próprio nome diz.

A elaboração dos objetivos é de grande relevância para que se possa alcançá-los. Quando se usa a terminologia de objetivo geral e os específicos, os últimos são etapas a serem cumpridas para se chegar ao objetivo geral, como exposto acima. Por isso é muito importante a escolha dos verbos a serem utilizados e para isso pode-se basear na Taxonomia de Bloom. Esta taxonomia foi desenvolvida para objetivos educacionais, mas se adequa à formulação de objetivos de pesquisa. No domínio cognitivo desta taxonomia, o objetivo do ensino-aprendizagem é classificado em seis níveis crescentes:

- o nível inicial dos objetivos é adquirir conhecimento (lembrar) e se utilizam os verbos: reconhecer, recordar, revisitar, descrever, definir;
- no segundo nível, de compreensão do conhecimento (entender), os verbos são: compreender, classificar, comparar, exemplificar, explicar, inferir, interpretar, resumir;
- o terceiro nível, de aplicação (aplicar): realizar, executar, implementar, modificar;
- no quarto nível, de análise (analisar), utilizam-se: atribuir, diferenciar, organizar, analisar;

- o quinto nível, de avaliação (avaliar): criticar, verificar, validar, avaliar;
- e o sexto e último nível, de síntese (criar): gerar, planejar, produzir, desenvolver, propor.

Portanto, baseando-se nessa taxonomia, os verbos dos objetivos específicos devem sempre estar num nível inferior ao do objetivo geral.

8) Material e métodos – inclui o delineamento do estudo, a exploração do campo com a escolha do local da pesquisa, do grupo a ser pesquisado, as estratégias de entrada no campo, os participantes da pesquisa com critérios de inclusão, exclusão e amostragem; as variáveis a serem estudadas, categorias, definição dos instrumentos e procedimentos para coleta de dados, plano de análise de dados e aspectos éticos (onde se descrevem os cuidados e procedimentos éticos, avaliação por Comitê de Ética e termo de consentimento livre e esclarecido).

9) Metas e resultados esperados – descrevem-se os produtos que se espera ter com a pesquisa realizada.

10) Referências – existem diferentes regras para apresentação das referências; é importante que o pesquisador escolha uma e a use em todo o trabalho.

11) Cronograma – informa-se mês a mês o planejamento dos passos que serão dados do início ao fim da pesquisa, o que demonstra o grau de organização da pesquisa.

12) Orçamento – deve seguir o que é exigido nos editais de pesquisa.

Referências

Andery MA et al. Para compreender a ciência: uma perspectiva histórica. 3. ed. Rio de Janeiro: Espaço e Tempo; 1988.

Costa MAF, Costa MRB, Andrade VA. Caminhos (e descaminhos) dos objetivos em dissertações e teses: um olhar voltado para a coerência metodológica. Revista Práxis. 2014; 6(11): 11-24.

Ferraz APCM, Belhot RV. Taxonomia de Bloom: revisão teórica e apresentação das adequações do instrumento para definição de objetivos instrucionais. Gest. Prod. (São Carlos). 2010; 17(2): 421-431.

Gil AC. Métodos e técnicas de pesquisa social. 6. ed. São Paulo: Atlas; 2016.

Minayo MCS. O desafio do conhecimento. Pesquisa qualitativa em saúde. 14. ed. São Paulo: Hucitec; 2014. 407p.

Minayo MCS, Deslandes SF, Gomes R. Teoria, método e criatividade. 32. ed. Petrópolis: Vozes; 2012.

X
Construção de um relatório/artigo de pesquisa qualitativa

Stella R. Taquette

X
Construção de um relatório/artigo de pesquisa qualitativa

Introdução

Todo conhecimento produzido em um estudo científico deve ser divulgado para a coletividade. Esse é um compromisso ético que todo pesquisador deve ter. Não se produz conhecimento para si mesmo e sim para a sociedade como um todo. Portanto, a divulgação dos resultados de uma pesquisa científica é antes de tudo uma obrigação e não uma escolha. Essa divulgação pode ser feita de várias formas: através de apresentações nas próprias instituições onde foi desenvolvida a investigação, em palestras, encontros científicos, jornadas, congressos nacionais e internacionais e de forma escrita por meio de relatórios, artigos e livros.

Este capítulo trata sobre o que é essencial estar presente num relatório ou artigo de uma investigação de natureza qualitativa. Entretanto, não é objetivo deste tópico versar especificamente sobre como publicar um artigo científico, abordando os caminhos a serem percorridos para se chegar à divulgação numa revista científica. Nosso objetivo é destacar o que não pode faltar num relatório de pesquisa para que os resultados da investigação sejam reconhecidos como conhecimento válido que contribua positivamente para a solução do problema que se escolheu estudar. A validade de um estudo pode ser questionada ou não alcançada se o relato sobre o mesmo não for bem elaborado. Por vezes a pesquisa foi feita com todo o rigor necessário, produziu conhecimento relevante e confiável, mas, devido à sua descrição inadequada, seus achados não são reconhecidos como válidos.

O tempo verbal a ser utilizado num relatório é o pretérito perfeito, pois o estudo já ocorreu. É muito comum pesquisadores iniciantes ou inexperientes em pesquisa usarem vários tempos verbais num mesmo relatório, o que não é correto e reduz a qualidade do mesmo. Deve ser escrito de forma simples e direta, de preferência com frases curtas.

Itens de um relatório/artigo

O objetivo de um relatório é registrar e divulgar o que motivou a realização do estudo, quais foram seus objetivos, como foi desenvolvido e que resultados produziu. É a história natural da pesquisa, contando fielmente como ela aconteceu (Trzesniak e Koller, 2009). O conteúdo do relatório inclui: um resumo inicial; a introdução contendo objeto em estudo e o conhecimento atualizado sobre ele, a justificativa e os objetivos; o método utilizado que indica o caminho percorrido; os resultados; a discussão; as conclusões e/ou considerações finais; e, por último, as referências bibliográficas.

1 Resumo

Tanto um relatório de pesquisa quanto um artigo começam com um resumo que deve conter de forma sintética praticamente tudo que tem no relatório, e inclui: a introdução, os objetivos, o método utilizado, resultados, discussão e conclusão. Um resumo bem elaborado é fundamental, pois ele é que despertará ou não o interesse do leitor por ler o texto completo. O resumo dos trabalhos científicos é muito mais lido do que o trabalho em si. É importante ressaltar nas conclusões a contribuição que o estudo trouxe para a compreensão do tema investigado.

2 Introdução

É na introdução que se define qual o objeto da pesquisa, que problema foi estudado e que perguntas direcionaram o pesquisador a realizá-la. Deve conter uma base teórica e conceitual sobre o estado de conhecimento do tema escolhido, ou seja, o que já se sabe e está publicado sobre a questão de pesquisa e também o que ainda não se sabe, isto é, a carência de conhecimento sobre o tema. Em seguida o autor descreve o que se pretendeu fazer com o estudo delineado, suas perguntas de pesquisa, pressupostos/hipóteses para respondê-las provisoriamente e objetivos do estudo.

É necessário deixar explícita a justificativa do estudo, a importância do problema a ser examinado e a natureza e extensão da contribuição pretendida. É na introdução que o autor destaca a relevância da questão da pesquisa com a definição clara do objeto e do objetivo. O quadro teórico apresentado deve ser consistente. De acordo com as diretrizes Rats de avaliação da qualidade dos estudos qualitativos, uma boa introdução é aquela que mostra a relevância justificada da questão do estudo (Biomed, 2011), que avanços promoverá ou como impactará a prática profissional. A introdução deve finalizar de forma que fique conectada ao próximo item, o método utilizado.

3 Métodos

Nos estudos qualitativos a descrição fiel, detalhada e transparente do percurso metodológico é essencial, principalmente por causa das intensas críticas que as pesquisas qualitativas recebem da comunidade científica onde o quantitativo é predominante, e também devido ao fato de a ciência ser regida por um mundo positivista de números. Por outro lado, existe a crítica aos estudos qualitativos devido à influência do pesquisador no campo da pesquisa, o que provocaria um viés incontornável nos resultados da mesma. Becker (1999) chama a atenção de que é melhor explicitar essas influências na descrição da pesquisa para que quem leia possa tirar suas conclusões do que deixar de fazê-lo.

Inicialmente o autor deve justificar a escolha do método qualitativo e o delineamento do estudo. Precisa explicar como explorou o campo da pesquisa, em que local, que estratégias utilizou para a entrada no campo e quais instrumentos de coleta de dados foi utilizado. Em seguida é necessário descrever os participantes, critérios de inclusão/exclusão e como se definiu o tamanho da amostra estudada. Dependendo da abordagem teórica utilizada, necessita apresentar as categorias de análise iniciais.

Os instrumentos e procedimentos de coleta de dados no campo que foram utilizados devem ser descritos com os itens que compuseram os roteiros de entrevista, grupo focal e de anotações de campo. A descrição do cenário do estudo, das estratégias utilizadas para entrada no campo e de como se deu a coleta e o registro dos dados fazem parte da transparência dos procedimentos, um dos critérios Rats (Biomed, 2011).

Os aspectos éticos são intrínsecos à qualidade do estudo qualitativo. Não é possível fazer uma pesquisa qualitativa válida e com resultados confiáveis sem atender a todos os dispositivos éticos envolvidos na pesquisa, que não podem ser reduzidos somente à aprovação do projeto no Comitê de Ética. Os questionamentos éticos estão presentes da pergunta inicial da pesquisa até a divulgação de seus resultados, como apontado no capítulo anterior. Os aspectos éticos fazem parte da transparência necessária no percurso metodológico do estudo. Descrevem-se todos os cuidados e procedimentos éticos realizados, a avaliação por Comitê de Ética, o termo de consentimento livre e esclarecido (Tcle) e outros aspectos pertinentes ao desenvolvimento do estudo.

Ao se descrever os procedimentos de análise dos dados qualitativos, todos os passos têm que ser informados com clareza e transparência, pois a forma como é feita é sensível a críticas no que diz respeito à confiabilidade dos achados. É preciso deixar evidente os critérios de análise, de forma que qualquer um que leia consiga pelo menos em pensamento reproduzir o estudo. No caso da utilização de *softwares* de análise de dados textuais, deve-se delinear de forma límpida e objetiva como foram empregados e oferecer detalhes sobre a codificação do material, como ela foi completada e por quem, se houve concordância na interpretação dos achados ou não. Todo esforço deve ser feito para mostrar ao leitor como se chegou às conclusões do estudo (Koller, 2014).

4 Resultados, discussão e conclusões

Na apresentação dos resultados e sua discussão, é necessário ser fiel e verdadeiro aos achados do campo. Deve ser enfatizado como foi o processo de construção do conhecimento, das novas teorias apresentadas. A argumentação precisa ser sólida e bem trabalhada de forma que dê sustentação às conclusões. De acordo com as diretrizes Rats (Biomed, 2011), a solidez da abordagem interpretativa se expressa pela análise apropriada dos achados do campo, pela forma como foi decomposto o material analisado, com contextualização histórica, social e espacial, interpretações claras apoiadas na evidência e em diálogo com a literatura atualizada.

Outro fator importante que não pode estar ausente é a apresentação das limitações do estudo. Toda investigação científica tem limitações a serem apontadas no final do trabalho. É aconselhável evitar o uso de frases longas e de jargões. Uma revisão final do texto em relação à norma culta da língua é recomendada.

Diretrizes Rats e Coreq

Os periódicos científicos que publicam artigos sobre investigações desenvolvidas com método qualitativo em geral indicam aos autores a revisão dos manuscritos segundo determinados critérios de qualidade. Sabe-se que não há padrões ou diretrizes internacionalmente aceitos para o relato de pesquisas qualitativas, entretanto, todos se aproximam da concordância de que existe necessidade de transparência, reconhecendo a diversidade de metodologias e abordagens qualitativas (Pearson, 2015).

A título de exemplo, citamos dois dos mais comumente utilizados: o Rats (Biomed, 2011), já citado neste capítulo e que contém "Diretrizes de revisão de pesquisa qualitativa", e outro, o Coreq, "Critérios consolidados para relatórios de estudos qualitativos", adequados para estudos desenvolvidos por meio de entrevista e grupo focal, que contêm uma lista de verificação de 32 itens para ajudar os pesquisadores a reportar os aspectos mais importantes da equipe de pesquisa, dos métodos do estudo, dos achados, análises e interpretações (Tong, 2007).

As diretrizes Rats são compostas de quatro dimensões:

R – Relevância da questão em estudo – indica que a questão de pesquisa deve estar bem explícita, ser justificada, relevante e associada a bases de conhecimentos teóricos ou empíricos consistentes.

A – Adequação do método qualitativo – inclui a explicação sobre a pertinência do método para o objeto em estudo, assim como dos instrumentos utilizados e a justificativa dessas escolhas.

T – Transparência dos procedimentos – compreende: os critérios de inclusão dos participantes selecionados, que devem ser explicados e justificados; a adequação da amostra e a base teórica de análise dos dados; o recrutamento dos participantes com a estratégia de entrada no campo; a coleta de dados com a descrição de como e por quem foi realizada e registrada; o papel dos pesquisadores e sua possível influência no campo de pesquisa; e os aspectos éticos envolvidos na relação entre pesquisador e participante da pesquisa, a aprovação em comitê de ética e assinatura de consentimento informado.

S – Solidez da abordagem interpretativa – diz respeito à: análise, sua adequação ao tipo de estudo, a forma como foi decomposto o material analisado, a clareza das interpretações; discussão, os achados e sua interpretação apoiados na evidência e com diálogo com a literatura atualizada, descrição das limitações do estudo, texto escrito em língua culta sem o uso de jargões.

Os critérios consolidados para relatórios de estudos qualitativos (Coreq) incluem três dimensões intituladas de domínios, dispostas numa lista de verificação com 32 itens sintetizados a seguir.

O domínio 1 diz respeito à equipe de pesquisa e reflexividade. Devem estar descritas as características pessoais do pesquisador de campo, suas credenciais, ocupação, gênero, experiência e treinamento; e a relação estabelecida entre o pesquisador e os participantes deve estar clara, incluindo informações sobre o conhecimento anterior entre eles.

O domínio 2 se refere ao desenho do estudo. Deve conter informações sobre: o instrumento utilizado e sobre quem realizou a coleta de dados; o conhecimento anterior que os participantes tinham a respeito do pesquisador de campo; o quadro teórico da pesquisa, que inclui a base conceitual indicada para sustentar o estudo; a seleção dos participantes incluindo a amostragem, o método de abordagem, as recusas à participação; o roteiro de entrevista utilizado; a configuração da coleta de dados com informações sobre o local do estudo, onde os dados foram coletados e as características e quantidade de participantes; a coleta de dados, informações sobre estudo-piloto, como foi feito o registro dos dados, gravações, diários de campo, duração das entrevistas, saturação das informações, transcrição.

O domínio 3 elenca as informações sobre a análise e resultados. Deve ser relacionado à categorização/codificação realizada no estudo com descrição da árvore de codificação, se foi utilizado *software* de análise, se houve checagem dos resultados com os participantes e se eles forneceram comentários a respeito. As conclusões devem ser consistentes com os resultados apresentados, com clareza dos temas principais e menores apresentados nos achados do estudo.

A existência dessas diretrizes é criticada por parte dos pesquisadores qualitativistas. Estes discordam frontalmente da ideia de criar padrões ou diretrizes para se medir a qualidade de um relatório de pesquisa. Também enfatizam a importância do contexto e acreditam que não se deve reduzir a pesquisa qualitativa a uma lista de procedimentos técnicos. Outros afirmam que criar padrões de pesquisa qualitativa não é desejável, pois limitam a geração de conhecimento em vez de melhorá-lo (Pearson, 2015).

Referências

Becker HS. Métodos de pesquisa em ciências sociais. 4. ed. São Paulo: Hucitec; 1999.

Biomed Central. Qualitative research review guidelines – Rats. [Copyright Clark HP: How peer review a qualitative manuscript]. In: Godlee F, Jerfferson T, edit. Peer Review in Health Sciences. 2nd. ed. Londres: BMFBooks; 2003. p. 219-235 [documento on-line; acesso em 27 fev 2019]. Disponível em https://bmjopen.bmj.com/content/suppl/2012/01/12/bmjopen-2011-000138.DC1/BMJ_Open_IMG_Physician_Migration_RATS_Checklist.pdf

Koller SH, Couto MCP, Hohendorff JV. Manual de produção científica. Porto Alegre: Penso; 2014.

Pearson A, Jordan Z, Lockwood C, Aromataris E. Notions of quality and standards for qualitative research reporting. International Journal of Nursing Practice. 2015; 21: 670-676.

Tong A, Sainsbury P, Craig J. Consolidated criteria for reporting qualitative research (Coreq): a 32-item checklist for interviews and focus groups. International Journal for Quality in Health Care. 2007; 19(6): 349-357 10.

Trzesniak P, Koller SH. A redação científica apresentada por editores. In: Sabadini ZP, Sampaio MIC, Koller SH, editores. Publicar em psicologia: um enfoque para a revista científica. São Paulo: Associação Brasileira de Editores Científicos de Psicologia/Instituto de Psicologia da Universidade de São Paulo. p 19-34 [documento on-line; acesso em 07 mar 2019]. Disponível em http://www.publicarempsicologia.blogspot.com/

XI
A teoria na prática

Stella R. Taquette

XI
A teoria na prática

Introdução

Neste capítulo são apresentados resumos de estudos empíricos que utilizaram métodos qualitativos, recentemente publicados em periódicos científicos, e de propostas de pesquisas com uso de método qualitativo. O objetivo é demonstrar a indicação, adequação e utilidade deste método para o estudo de problemas que necessitam de uma abordagem compreensiva para serem solucionados.

Os resumos dos artigos expostos foram selecionados no site do SciELO (*Scientific Electronic Library Online*) do Brasil. São investigações desenvolvidas em distintas áreas do conhecimento com técnicas variadas e bases analíticas diversas. Os artigos originais podem ser lidos e descarregados na íntegra no site do SciELO do Brasil (www.scielo.br).

Os resumos dos projetos exibidos são de propostas de pesquisas elaboradas por alunos de pós-graduação *stricto sensu* que cursaram a disciplina de Introdução à Metodologia de Pesquisa Qualitativa ministrada pelas autoras deste livro na Faculdade de Ciências Médicas da Universidade do Estado do Rio de Janeiro (FCM-UERJ). A tarefa final da disciplina é a elaboração de um projeto de pesquisa com método qualitativo para investigar um problema advindo da própria prática profissional. Os exemplos de projeto de pesquisa qualitativa proporcionados evidenciam a indicação e adequação do método qualitativo em campos de conhecimento variados.

Parte deste material foi apresentado no V Seminário Internacional de Pesquisa Qualitativa realizado em Foz do Iguaçu (PR, Brasil) em maio de 2018 (Taquette e Borges, 2018).

Pesquisas qualitativas publicadas

Ao fazer uma busca no SciELO do Brasil com o descritor "pesquisa qualitativa" no mês de abril de 2019, surgiram 855 artigos, 158 no quinquênio de 2004 a 2008, 308 entre 2009 e 2013 e 342 entre 2014 e 2018, evidenciando grande aumento do primeiro para o segundo quinquênio e um acréscimo em menor escala do segundo para o terceiro. A média anual de publicação de artigos de pesquisa qualitativa foi de 31,6, 61,6 e 68,4 respectivamente em cada quinquênio (Figura 1). Em termos percentuais do total de artigos publicados, também é evidenciada uma ampliação, de 0,20% para 0,28% no segundo quinquênio e para 0,30% no último, como pode ser visto na Figura 2.

Figura 1 Número de artigos de pesquisa qualitativa por ano em cada quinquênio

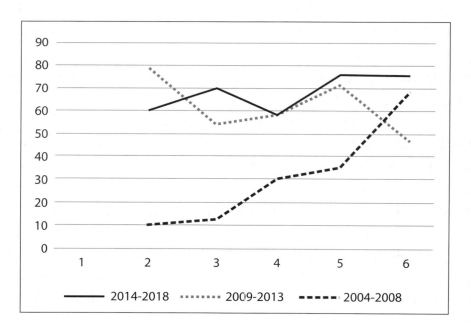

Figura 2 Percentual de artigos de pesquisa qualitativa por quinquênio

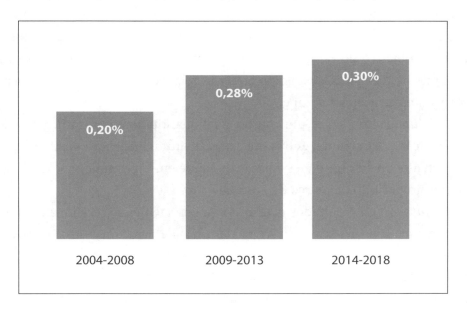

A grande área que concentra maior número de artigos é a das Ciências da Saúde e, a subárea, a da Enfermagem. Na Saúde, os estudos conduzidos por médicos não são muitos. Em revisão realizada com o objetivo de analisar as características das pesquisas qualitativas conduzidas por médicos foram encontrados 135 artigos no SciELO no período de 2004 a 2013. Na maioria dos estudos a técnica de coleta de dados foi a entrevista e, do tratamento dos dados, a análise de conteúdo. As subáreas mais frequentes foram: Políticas Públicas, Medicina Clínica, Cirurgia e Saúde Mental (Taquette e Minayo, 2014).

Abaixo estão apresentados resumos de estudos qualitativos selecionados, distribuídos por grande área de conhecimento.

1 Ciências da Saúde

1) Sousa MCVB, Santos CP, Mendonça SAM. Complexidades do trabalho do agente comunitário de saúde com pacientes com uso de medicamentos. Trab. Educ. Saúde. 2018; 16(2): 605-619.

Objetivo: Os agentes comunitários de saúde representam importante elemento na gestão de informações sobre o uso de medicamentos na atenção primária, melhorando a interação da equipe de saúde com a comunidade. O objetivo do estudo foi revelar como o uso de medicamentos está presente na rotina deles e compreender as relações que se estabelecem entre agentes, usuários e equipe.

Método: Tratou-se de um estudo qualiquantitativo, com utilização de observação participante, entrevista semiestruturada e grupo focal. Foi desenvolvido em três unidades básicas de saúde em um município de Minas Gerais no período de março de 2013 a fevereiro de 2015.

Resultados: Os resultados revelaram que os agentes se relacionam constantemente com usuários que vivenciam problemas com o uso de medicamentos e apresentam dúvidas sobre suas indicações, efeitos esperados, reações adversas, entre outras. Eles realizam algumas intervenções diretamente com o usuário, porém preferem encaminhar os casos à equipe de saúde. Alguns agentes referiram-se ao farmacêutico como profissional de referência no tocante ao uso de medicamentos, mas a procura por esse profissional mostrou-se baixa pelos sujeitos do estudo. Ressalta-se a importância da formação do agente sobre utilização de medicamentos para instrumentalizá-los no reconhecimento de situações inadequadas, no desenvolvimento de intervenções com a equipe de saúde e no acompanhamento dos usuários.

2) Taquette, SR, Rodrigues, AO, Bortolotti, LR. Infecção pelo HIV em adolescentes do sexo masculino: um estudo qualitativo. Ciência & Saúde Coletiva. 2015; 20(7): 2.193-2.200.

Objetivo: A redução gradativa da incidência de Aids entre homens que fazem sexo com homens não tem acontecido na faixa etária mais jovem e, ao contrário, está aumentando. Objetivamos conhecer as vulnerabilidades de adolescentes do sexo masculino que favoreceram a contaminação pelo HIV.

Método: Realizamos estudo qualitativo por meio de entrevistas com homens jovens soropositivos em tratamento, cujo diagnóstico foi feito na adolescência. Gravamos e transcrevemos as entrevistas na íntegra e as analisamos através de leitura intensiva, classificação por temas e interpretação na perspectiva hermenêutica-dialética em diálogo com a literatura.

Resultados: Entrevistamos 16 homens jovens, cujo diagnóstico ocorreu entre 11 e 19 anos, e em todos eles a via de transmissão do HIV foi sexual, sendo 12 homo e 4 heterossexuais. Evidenciou-se como situações de vulnerabilidade a descrença na possibilidade de contaminação, a sujeição sexual, a homofobia e a exploração sexual comercial.

Conclusão: Este estudo demonstra a grande importância da formulação de políticas públicas em saúde sexual e reprodutiva que contemple adolescentes e jovens do sexo masculino com a perspectiva de masculinidade em toda sua amplitude e ações para diversidade sexual.

3) Jesus MCP et al. Compreendendo o insucesso da tentativa de parar de fumar: abordagem da fenomenologia social. Rev. esc. enferm. USP. 2016; 50(1): 71-78.

Objetivo: Compreender a experiência de pessoas tabagistas frente ao insucesso da tentativa de parar de fumar.

Método: Estudo fundamentado na fenomenologia social. Realizaram-se nove entrevistas abertas com os fumantes que tentaram cessar o hábito de fumar, em novembro e dezembro de 2014, cujo conteúdo foi analisado e discutido com base na literatura.

Resultados: O insucesso da tentativa de parar de fumar relaciona-se à dependência do cigarro, visto como um suporte para o enfrentamento de situações estressantes do cotidiano. As tentativas de cessar o hábito foram alicerçadas na necessidade de melhoria da saúde e insistência de pessoas próximas. O fumante refere utilizar estratégias de cessação do hábito aprendidas no grupo de tabagismo, mas expressa a expectativa de apoio psicológico especializado.

Conclusão: Evidencia-se a necessidade de ampliar as estratégias de abordagem ao fumante, reforçando o suporte psicológico com vistas à obtenção de êxito na tentativa de parar de fumar.

4) Kienteka M et al. Quantitative and qualitative aspects of barriers to bicycle use for adults from Curitiba, Brazil. Rev. bras. cineantropom. desempenho hum. 2018; 20(1): 29-42.

Objetivo: A implementação de programas de promoção para o uso de bicicleta deve considerar as barreiras para este comportamento. Objetivou-se caracterizar quantitativa e qualitativamente as barreiras para o uso de bicicleta no lazer e no transporte por adultos em Curitiba, Brasil.

Método: A primeira etapa compreendeu um inquérito domiciliar transversal do qual participaram 677 adultos (53% mulheres). Destes, 16,7% e 11,2% reportaram utilizar a bicicleta no tempo de lazer e no transporte, respectivamente. Em seguida, 24 usuários de bicicleta (50% mulheres) foram recrutados e participaram de entrevistas em grupos focais. O conteúdo das respostas foi analisado com uma matriz conceitual.

Resultados: As barreiras mais reportadas para o uso de bicicleta no lazer foram o "clima ruim" (65,5%), "tráfego intenso" (53,1%), "falta de ciclovias" (48,7%) e "falta de segurança" (44,2%). No transporte, as mais relatadas foram o "clima ruim" (69,7%), "tráfego intenso", "falta de segurança" e "medo de acidentes" (51,3% cada). A análise comparativa entre as barreiras reportadas no inquérito e aquelas relatadas nos grupos focais mostraram combinação entre 7 das 11 barreiras. Algumas barreiras identificadas no inquérito não foram mencionadas nos grupos focais ("má qualidade das ruas", "poluição", "não ter bicicleta", "falta de estacionamento", "distância até os destinos").

Conclusão: As principais barreiras para o uso de bicicleta estão relacionadas com aspectos do ambiente físico e segurança, independente da abordagem empregada e finalidade de uso.

5) Aredes JS, Giacomin KC, Firmo JOA. The physician in the face of death in the emergency room. Rev. Saúde Pública (on-line). 2018; 52(42).

Objetivo: Analisar a forma como médicos, enquanto parte de um grupo sociocultural, lidam com diferentes tipos de morte, em um serviço de pronto-socorro metropolitano.

Métodos: Trata-se de uma etnografia realizada em um dos maiores serviços de pronto-socorro da América Latina. A coleta dos dados deu-se ao longo de 9 meses de observação participante e entrevistas com 43 médicos de diferentes especialidades – 25 homens e 18 mulheres, entre 28 e 69 anos.

Resultados: À análise, guiada pelo modelo dos Signos, Significados e Ações, nota-se um vasto mosaico de situações e questões que medeiam o cuidado médico em uma unidade de pronto-socorro. Os resultados apontaram que os médicos podem considerar uma morte mais difícil se comparada a outras, a depender de critérios: o etário; a identificação ou não com o paciente; as circunstâncias da morte e o questionamento médico quanto à sua responsabilidade no processo de morte.

Conclusões: Para os médicos, nenhuma morte é fácil. Cada morte pode ser mais ou menos difícil, a depender de diferentes critérios que medeiam o cuidado médico em uma unidade de pronto-socorro e revelam questões de ordem social, ética e moral das mais diversas.

6) Almeida LM et al. Névoas, vapores e outras volatilidades ilusórias dos cigarros eletrônicos. Cad. Saúde Pública. 2017; 33(supl 30).

Objetivo: Neste artigo, analisa-se o discurso de fornecedores de cigarros eletrônicos para convencer potenciais usuários (fumantes, ex-fumantes ou nunca fumantes de cigarros) a adquirir e usar o novo produto.

Método: É um estudo qualitativo, descritivo e exploratório acerca do discurso de vendedores em 8 *sites* de venda on-line que, entre 2011 e 2013, tiveram maior frequência de buscas na Internet. Os sites foram identificados pela ferramenta *Google Trends*, com base no número de acessos e frequência de buscas ao tema cigarro eletrônico.

Resultados: Tendo como referencial metodológico a hermenêutica-dialética, a categorização do material empírico sob o esquema "compreensão/interpretação" apontou quatro abrangentes sentidos: apropriação do discurso antitabagista; comparação entre cigarros convencional e eletrônico; apelo à crença na fidedignidade da ciência; e projeção da imagem do cigarro eletrônico.

Conclusão: A análise desses sentidos configurou os elementos argumentativos do discurso de posicionamento de *marketing* utilizado por fabricantes e fornecedores de cigarros eletrônicos.

7) Wakiuchi J et al. Rebuilding subjectivity from the experience of cancer and its treatment. Rev. Bras. Enferm. 2019; 172(1): 125-133.
Objetivo: Analisar as representações sociais do tratamento quimioterápico e as experiências construídas por pessoas com câncer.
Método: Estudo descritivo, com abordagem qualitativa. A coleta de dados ocorreu entre agosto e dezembro de 2016, por meio de entrevistas com 29 pacientes com câncer em tratamento quimioterápico, em uma instituição no norte do estado do Paraná, sendo realizada a Análise de Conteúdo Temático-Categorial.
Resultados: Emergiram quatro categorias que denotam atitudes, sentimentos e experiências associados à quimioterapia e à necessidade de reconstrução do cotidiano, permeado pelo distanciamento da vida social e do trabalho. Ao mesmo tempo, nota-se o estreitamento de laços com amigos e familiares, além de estratégias adaptativas, de ressignificação das experiências vividas e de estabelecimento de prioridades de vida.
Considerações finais: O câncer representa uma interrupção dos planos e sonhos, modificando tarefas do cotidiano e gerando novas experiências. Esse processo oportuniza a ressignificação do passado e a reconstrução da subjetividade.

8) Tomaz RVV et al. Impacto da deficiência intelectual moderada na dinâmica e na qualidade de vida familiar: um estudo clínico-qualitativo. Cad. Saúde Pública (on-line). 2017; 33(11): e00096016.
Objetivo: Este estudo clínico-qualitativo investigou o impacto da deficiência intelectual moderada na dinâmica e na qualidade de vida familiar.
Método: Os dados foram coletados por meio de entrevistas individuais com 15 mães de deficientes, escolhidas por conveniência, e examinados pela técnica de análise de conteúdo categorial temática. Os resultados foram discutidos usando-se abordagem compreensiva e interpretativa.

Resultados: Da análise das entrevistas apreendeu-se que o cuidado com o filho deficiente é centrado na mãe, o que contribuiu para a modificação das relações familiares. O enfrentamento religioso apareceu como estratégia comum de ajuste. Os filhos deficientes tiveram acesso a menos serviços e suportes do que necessitavam nas áreas de saúde, educação e lazer. Restrições financeiras e dificuldades no convívio comunitário impactaram negativamente na qualidade de vida familiar.

Conclusão: Apoio emocional e psicológico para todos os membros da família, e apoio prático e social, incluindo distribuição de renda e acesso a serviços adequados, mostraram-se essenciais para o bem-estar do deficiente e de sua família.

9) Afonso SBC, Minayo MCS. Relações entre onco-hematopediatras, mães e crianças na comunicação de notícias difíceis. Ciência & Saúde Coletiva. 2017; 22(1): 53-62.

Objetivo: Apresenta-se um estudo de relações entre onco-hematopediatras, mães e crianças no compartilhamento de notícias difíceis (ND) num hospital público do Rio de Janeiro. O texto enfatiza o entrelaçamento de técnica e emoção durante o tratamento de crianças com diagnósticos em que a probabilidade de desfecho fatal está sempre presente.

Método: Utilizou-se abordagem qualitativa, privilegiando-se observação participante e entrevistas abertas com as médicas (neste serviço, todas as profissionais eram do sexo feminino) e mães. Buscou-se compreender a importância da comunicação que inclui expressões e controle das emoções; aspectos bioéticos que exigem sensibilidade, serenidade e verdade sobre a aproximação do final da vida; e como as médicas equilibram proximidade com as crianças e familiares e objetividade em sua atuação.

Resultados: Os principais resultados mostram intensas trocas sobre ND entre as profissionais; recaída de crianças que estavam evoluindo positivamente como a notícia mais difícil; atualização da ND diante dos pacientes terminais; influência da qualidade da comunicação no tratamento; exercício permanente de equilíbrio entre proximidade e distanciamento por parte das profissionais e evidência do insubstituível papel delas para dar segurança à família e à criança.

10) Othero MV, Ayres JRCM. Healthcare needs of people with disabilities: subjects' perspectives through their life histories. Interface – Comunic., Saude, Educ. 2012; 16(40): 219-233.

Objetivo: Este trabalho teve como objetivo identificar as necessidades de saúde das pessoas com deficiência, pela ótica dos sujeitos.

Método: Realizou-se um estudo qualitativo, por meio da técnica da história de vida; foram incluídas pessoas com deficiência física, auditiva e visual, congênita e adquirida, e com atendimento no SUS. Discutiu-se: a vivência da deficiência; independência, autonomia e apoio; acesso e direitos; sentidos das intervenções; ações e estratégias.

Resultados: Em relação às necessidades de saúde, foram elencados 11 eixos: acesso; apoio psicossocial; aspectos gerais de saúde; autonomia e independência; dispensação de equipamentos e dispositivos de tecnologia assistida; informação/orientação; prevenção/diagnósticos precoces; reconhecimento e garantia de direitos; (re)encontro com atividades significativas; validação e ajuda na construção de estratégias próprias de enfrentamento; vínculo com profissional de saúde.

Conclusão: Verifica-se que as necessidades identificadas pelos sujeitos incluem aspectos específicos da assistência em saúde, mas englobam outras dimensões, indicando a importância de ações integrais e intersetoriais.

11) Taquette SRT, Rodrigues AO, Bortolotti LR. Percepção de pacientes com Aids diagnosticados na adolescência sobre o aconselhamento pré e pós-teste HIV realizado. Ciência & Saúde Coletiva. 2017; 22(1): 23-30.

Objetivo: O aconselhamento pré e pós-teste HIV tem importância singular na adolescência. Objetivamos conhecer a percepção de jovens com Aids diagnosticada na adolescência sobre o aconselhamento recebido na ocasião do teste.

Método: Realizamos 39 entrevistas em profundidade, 23 em pacientes do sexo feminino e 16 do masculino, e analisamos os dados com leitura exaustiva, categorização e interpretação de base compreensiva.

Resultados: Os resultados revelaram que menos de um terço recebeu aconselhamento pré-teste (30,8%) que amiúde se resumiu na explicação do motivo do exame, e 51,2% foi aconselhado no pós-teste. Verificamos que a maioria estava desacompanhada na comunicação da soropositividade e parte deles tomou ciência pelo responsável posteriormente. Alguns interlocutores sentiram-se seguros após o aconselhamento, percebendo a doença como algo que não mudaria suas vidas, desde que seguissem adequadamente as orientações. Por outro lado, atitudes de desespero e desejo de morte manifestados por alguns podem ter sido influenciados pela falta de aconselhamento satisfatório.

Conclusão: Concluímos que há necessidade de aperfeiçoamento comunicacional dos profissionais de saúde, principalmente os que atuam na atenção primária, nos serviços de pré-natal, ginecologistas e estratégia de saúde da família.

2 Ciências Humanas

1) Diniz RF, Pinheiro JQ. O compromisso pró-ecológico nas palavras de seus praticantes. Paideia (Ribeirão Preto). 2017; 27(supl 1): 395-403.

Objetivo: O compromisso pró-ecológico (CPE) compreende uma relação de caráter positivo que as pessoas estabelecem com o meio ambiente, manifestada por via de práticas de cuidado ambiental. Para aprofundar o conhecimento sobre esse fenômeno psicossocioambiental, o objetivo foi explorar as definições sobre o CPE a partir do ponto de vista de pessoas comprometidas pró-ecologicamente, e as concepções de meio ambiente que o embasam.

Método: Pessoas indicadas como comprometidas pró-ecologicamente ($N = 29$; idades entre 23 e 79 anos) discorreram livremente em entrevistas sobre seu CPE, sobre meio ambiente, e indicaram outras pessoas avaliadas como sendo comprometidas. O *corpus* foi submetido à análise de conteúdo interpretativa.

Resultados: Identificamos mudanças nos entendimentos de meio ambiente, que se distinguiu do conceito de natureza, e de CPE atreladas aos contextos sócio-históricos e às experiências pessoais. Foram mencionadas práticas relativas às escolhas cotidianas, saúde, conscientização e relações de caráter pró-social, assim como barreiras e hábitos que dificultam o cuidado ambiental.

2) Bley AM et al. Diferença sexual, identificação e escolha de objeto em pacientes com distúrbios da diferenciação sexual. Rev. Latinoam. Psicopatol. Fundam. [on-line]. 2012; 15(3): 464-481.

Objetivo: Interrogar como se estrutura a identidade sexual. Investigar as relações entre identidade sexual, escolha de objeto sexual e diferença sexual.

Método: Aplicamos entrevista semiestruturada em pacientes com distúrbios da diferenciação sexual: dois com deficiência da 5 alfa redutase tipo 2, e cinco com hiperplasia adrenal congênita.

Conclusões: Sexo é trauma. Identificação masculina, feminina ou outras não implicam no sexo do objeto de escolha, gênero dos parceiros ou práticas sexuais.

3) Bruzamarello D, Patias ND, Cenci CMR. Ascensão profissional feminina, gestação tardia e conjugalidade. Psicol. Estud. [on-line]. 2019; 24: e41860.

Objetivo: A ascensão profissional feminina, dentre outras mudanças sociais e culturais, tem modificado os padrões das famílias na contemporaneidade. Um dos padrões refere-se ao adiamento da maternidade e como os casais vivenciam essa decisão, na relação conjugal. O objetivo deste estudo é compreender a decisão dos casais, principalmente da mulher, de adiar a parentalidade e como tal decisão impacta na relação conjugal.

Método: A pesquisa é de cunho qualitativo, transversal e descritivo. Participaram 16 indivíduos heterossexuais casados que responderam a uma entrevista semiestruturada. A análise das entrevistas foi realizada por meio da análise de conteúdo, da qual emergiram três categorias: (a) questão financeira no processo parental: "ter filho com que dinheiro?", (b) tentativa de controle *versus* surpresa da gestação, e (c) gestação tardia e calmaria na conjugalidade.

Resultados: Evidenciou-se uma preocupação significativa quanto à seguridade financeira para gestar, assim como o desejo de controle dos casais em relação ao momento adequado da gestação e da maturidade emocional vivenciada pelos entrevistados quanto à gestação tardia. No que diz respeito à conjugalidade, os casais manifestam que a mesma trouxe união e compreensão.

3 Ciências Sociais e Aplicadas

1) Rudolpho LS, Karnopp ZMP, Santiago AG. A paisagem do Ribeirão Fortaleza em Blumenau (SC): percepção da população para a sua recuperação e valorização. Urbe, Rev. Bras. Gest. Urb. 2018; 10(2): 442-457.

Objetivo: Com o advento das discussões ambientais sob o paradigma da sustentabilidade, rios urbanos em todo o mundo vêm sendo alvo de projetos de recuperação e valorização. Na expectativa de processos de projetos sustentáveis, de caráter interdisciplinar, entende-se que o conhecimento e a compreensão das percepções da população em relação às paisagens fluviais urbanas são a base para qualquer projeto que se deseje implantar com legitimidade e sucesso. Saber como uma população ribeirinha pensa e sente acerca do rio e seu entorno possibilita entender como as pessoas interagem com aquele ambiente e, inclusive, conhecer as repercussões de suas atitudes para além daquele espaço.

Método: Desenvolveu-se uma pesquisa de abordagem qualitativa com o objetivo de compreender o que pensa e sente a população que vive nas margens do Ribeirão Fortaleza, em Blumenau (SC), sobre a paisagem local.

Resultados: O processo de análise dos registros das entrevistas e das observações de campo possibilitou a identificação de três grandes categorias: Memórias do Ribeirão Fortaleza e sua importância na vida dos moradores; Aspectos positivos e negativos em relação à paisagem do Ribeirão Fortaleza, e Propostas para a melhoria de sua paisagem.

Conclusão: Espera-se que esta pesquisa possa subsidiar a elaboração de projetos e o acompanhamento de seus processos de implantação e avaliação, no âmbito da gestão municipal e da produção acadêmica, não somente em Arquitetura e Urbanismo, mas em outras áreas do conhecimento, haja vista que modos de viver os espaços ribeirinhos envolvem componentes de natureza multidisciplinar.

2) Leão ALMS, Camargo TI, Cavalcanti RCT. Pimenta nos olhos dos outro é... Chilli Beans! A personalidade da marca aos "olhos" dos consumidores. REAd. Rev. Eletrôn. Adm. (Porto Alegre). 2014; 79(3): 773-792.

Objetivo: Cada vez mais as organizações buscam estabelecer vínculos entre suas marcas e os consumidores como estratégia para construção de valor de modo a estabelecer trocas. Na academia, esta questão aparece em estudos que se localizam na intersecção entre as áreas de *branding* e de *marketing* de relacionamento. Neste intuito, a personalidade de marca, referente à atribuição de características humanas à mesma, se apresenta como uma noção primordial no fomento a esse elo.

Método: O presente estudo investiga a percepção dos consumidores da Chilli Beans, maior vendedora de óculos escuros da América Latina, sobre a marca. Dessa forma, o objetivo desta pesquisa foi identificar e avaliar as características humanas que compõem a personalidade da marca Chilli Beans sob a ótica de seus consumidores. A investigação se caracteriza como um estudo qualitativo exploratório, realizado por meio de entrevistas em profundidade e analisadas mediante a análise de discurso funcional.

Resultados: Nossos achados indicam 13 categorias que, em suas relações, nos levaram à identificação de 3 perfis que compõem as características ônticas da marca. Implicações teóricas e práticas, bem como indicações de futuras pesquisas são consideradas.

Projetos de pesquisa qualitativa

Os resumos apresentados a seguir demonstram que o exercício de elaborar um projeto de pesquisa com método qualitativo, principalmente por aqueles que já vinham desenvolvendo suas pesquisas com caráter eminentemente quantitativo, se mostrou particularmente produtivo. Pensar e elaborar um projeto obrigou o profissional a refletir sobre questões da sua prática e a formular perguntas. Um dos principais meios de aprender a utilizar o método qualitativo é fazendo investigações empíricas, como foi evidenciado por pesquisadores em debate realizado no Researchgate (Dsane, 2014). Outros autores ressaltam que a comprovação prática de que o método quali produz conhecimento útil é a melhor forma de valorizá-lo (Taquette e Minayo, 2015; Whitley, 2009).

A seguir, apresentam-se os projetos elaborados pelos alunos da disciplina de Introdução à Metodologia de Pesquisa Qualitativa divididos nas grandes áreas de conhecimento.

1 Ciências da Saúde

O médico pneumologista A.A. se inquieta na sua prática médica com a dificuldade de os tabagistas pararem de fumar. Todas as medidas já conhecidas que são propostas frequentemente não são bem-sucedidas. Sendo o tabagismo um vício associado a vários agravos à saúde, A.A. elaborou projeto de pesquisa com objetivo de conhecer as percepções dos tabagistas sobre as dificuldades que têm em parar de fumar. A técnica proposta foi a de entrevista semiestruturada com pacientes registrados em ambulatório especializado no atendimento a tabagistas. Conhecer o que os próprios pacientes pensam a respeito de suas dificuldades poderá fornecer subsídios para proposições e ações mais efetivas no enfrentamento do vício, além daquelas relacionadas a medicações de apoio.

A médica reumatologista A.B., coordenadora de um ambulatório especializado em tratamento de artrite gotosa, percebe na sua prática clínica grande variação na eficácia do tratamento relacionada a questões particulares dos pacientes. A.B. verifica que a Gota compromete a qualidade de vida dos pacientes de diferentes formas e aspectos. Por exemplo, em relação à restrição alimentar exigida para evitar o aumento do ácido úrico, elemento responsável pela inflamação nas articulações. Alguns preferem não abrir mão de eventualmente saborear comidas "proibidas" e sentir um pouco de dor articular do que coibir esses alimentos totalmente. Ela se pergunta o que é qualidade de vida para um paciente gotoso. A pesquisadora elaborou projeto a ser realizado por meio de entrevistas abertas e grupos focais com pacientes portadores de artrite gotosa em diferentes estágios da doença com o objetivo de estudar a percepção deles sobre qualidade de vida. Esse conhecimento servirá de base para o refinamento de um instrumento (questionário fechado) para aferição da qualidade de vida dessa população, em amostra estatisticamente significativa de pacientes gotosos.

O médico cardiologista A.C. trabalha em um laboratório de hemodinâmica realizando exames de cateterismo cardíaco e observa que muitos pacientes faltam ao exame ou se apresentam sob forte estresse, o que algumas vezes prejudica ou até impede a realização do procedimento. A.C. se questiona por que isso ocorre e o que fazer para reduzir o problema. Seu projeto, a ser desenvolvido por meio de entrevistas semiestruturadas, tem como objetivo compreender como os pacientes em vias de serem submetidos à realização de um cateterismo cardíaco se sentem, qual seu conhecimento a respeito do exame a ser realizado e suas expectativas em relação ao resultado. Espera com esses relatos aperfeiçoar a abordagem dos pacientes com indicação de se submeter a um cateterismo cardíaco de forma que o exame seja realizado na data prevista e a contento, sem angústia ou sofrimento dos doentes.

O médico cirurgião geral A.D. acompanha pacientes com insuficiência hepática, sendo que alguns são inelegíveis para o transplante hepático e têm a qualidade de vida muito comprometida. Em sua prática clínica observa que o enfrentamento da doença depende muito do tipo de cuidado que o doente tem por parte de seus familiares e se pergunta quais são os cuidados essenciais para garantir uma melhor qualidade de vida para essas pessoas. Seu estudo objetiva analisar, a partir da percepção de cuidadores, os fatores que contribuem para melhorar a qualidade de vida de pacientes com cirrose hepática grave, inelegíveis para o transplante hepático.

A médica obstetra A.E. acompanha adolescentes grávidas no pré-natal e observa que parte delas abandona a escola durante a gestação. A.E. se questiona como a instituição escolar pode influenciar ou não a evasão da estudante grávida, se há acolhimento ou rejeição e preconceito contra a adolescente. O objetivo de seu estudo, a ser realizado por meio de entrevista com adolescentes grávidas e funcionários de uma escola de ensino médio, é compreender as dificuldades enfrentadas pelas adolescentes na vivência da gravidez no ambiente escolar. Os resultados poderão contribuir para a não interrupção da vida escolar de gestantes adolescentes.

A médica cirurgiã plástica A.F. tem recebido demandas crescentes de mulheres por cirurgia plástica para redução de hipertrofia dos pequenos lábios vaginais. Sua inquietação se refere aos benefícios que a reparação cirúrgica pode trazer, na medida em que se trata de patologia que envolve tabus e pode levar a alterações emocionais, em seu relacionamento pessoal e sexual. O objetivo de seu projeto é avaliar a influência da cirurgia plástica dos pequenos lábios na eventual melhoria da qualidade de vida sexual e autoestima das pacientes submetidas a esse procedimento cirúrgico.

A médica hematologista A.G. se depara em sua prática clínica com a influência do relacionamento de casais na recuperação dos filhos em tratamento de doença hematológica oncológica, tanto positivas quanto negativas. Se pergunta como a doença de um filho interfere na dinâmica do casal e o que pode ser feito para melhor recuperação dos pacientes. Elaborou projeto qualitativo para investigar a percepção dos pais sobre as mudanças ocorridas no relacionamento conjugal após o diagnóstico da doença do filho, com vistas a aprimorar o apoio necessário a essa família e consequente melhor prognóstico para o paciente pediátrico.

O médico pediatra A.H. está alarmado com o aumento de casos de sífilis congênita e se pergunta por que isso está acontecendo. Propõe um estudo qualitativo com as mães dessas crianças para avaliar em profundidade o pré-natal realizado, a fim de identificar as falhas no diagnóstico, tratamento e controle de cura da sífilis gestacional.

O médico infectologista A.I. se questiona sobre o aumento do HIV em adolescentes do sexo feminino, pois nessa faixa etária é maior a proporção entre o número de mulheres infectadas e o de homens. Elaborou projeto de investigação através de entrevistas em profundidade com adolescentes e jovens soropositivas em tratamento, para reconstrução da história natural da doença com vistas a identificar os contextos de vulnerabilidade vivenciados que favoreceram a infecção. Espera fornecer subsídios às políticas públicas de prevenção da infecção pelo HIV nessa faixa etária.

A cirurgiã-dentista B.A. trabalha em uma Unidade de Terapia Intensiva, na adaptação de pacientes à ventilação assistida. A higiene adequada da cavidade oral do paciente é essencial para se evitar infecções respiratórias. B.A. em sua prática clínica se depara com obstáculos referentes à própria equipe de saúde na realização de seu trabalho e se pergunta por que isso acontece. Seu projeto de pesquisa tenta responder esse questionamento objetivando conhecer como os profissionais de saúde que trabalham em uma unidade de terapia intensiva veem o trabalho do cirurgião-dentista.

A enfermeira C.A. percebe em sua prática diária com adolescentes uma alta frequência de iniciação sexual com baixa idade e sem proteção. Ela se questiona por que isso está acontecendo, na medida em que nesses casos a chance de uma gravidez precoce ou de infecção sexualmente transmissível é maior. Pretende desenvolver estudo com adolescente através de entrevistas em profundidade para avaliar contextos de vulnerabilidade que levaram à iniciação sexual mais precoce.

O enfermeiro C.B., em estudo bibliográfico sobre violência entre parceiros íntimos na adolescência, percebeu a escassez de literatura sobre esse tipo de violência entre casais homoafetivos. Essa população é frequentemente vítima de homofobia. C.B. se inquieta em saber como lidam com situações de violência em relacionamentos amorosos. Elaborou projeto a ser realizado por meio de entrevistas em profundidade com o objetivo de analisar como casais homoafetivos enfrentam a violência no namoro e quais aparatos sociais são acionados quando precisam de ajuda.

A nutricionista D.A. trabalha com a orientação nutricional de pacientes com câncer de boca que irão se submeter a cirurgias reparadoras e outras terapias. Percebe em sua prática diária que a maioria dos pacientes tem pouca noção do que será feito na cirurgia e como será sua alimentação no pós-cirúrgico e continuidade do tratamento, o que dificulta sobremaneira sua recuperação. O projeto proposto tem por objetivo verificar o conhecimento desses pacientes sobre o tratamento e recuperação. Será realizado por meio de entrevistas em profundidade com pacientes elegíveis à cirurgia. Espera contribuir com o processo de realimentação pós-cirurgia e com o bem-estar desses pacientes.

A farmacêutica F.A. observa no hospital onde trabalha internações de mulheres em processo de abortamento, em condições clínicas precárias, que utilizaram manobras abortivas, entre elas o uso de medicamentos. Sua inquietação é saber a origem desses medicamentos, que orientações essas mulheres receberam e qual a dosimetria utilizada. Seu estudo, a ser realizado por meio de entrevistas com mulheres internadas pós-abortamento, tem por objeto analisar a trajetória terapêutica dessas mulheres e contribuir com subsídios aos programas de saúde sexual e reprodutiva.

2 Ciências Biológicas

A bióloga G.A. exerce suas atividades profissionais em laboratório de imunopatologia e dá apoio técnico a projetos de inovação no diagnóstico e tratamento da tuberculose. Metade dos pacientes que fazem tratamento para tuberculose multirresistente não chega ao final e não alcança a cura. G.A. se pergunta como contribuir para o não abandono do tratamento, tendo seu estudo o objetivo de conhecer quais fatores influenciam os pacientes a mantê-lo ou não. A pesquisa será realizada por meio de entrevistas tipo história de vida. Pretende coletar subsídios que contribuam para melhorar a condição de saúde desses pacientes.

3 Ciências Humanas

A psicóloga H.A. trabalha em serviço de apoio psicológico a estudantes de medicina e percebe que o sofrimento apresentado por eles pode estar relacionado ao ambiente educacional do curso. Elaborou projeto com o objetivo de analisar a percepção de alunos do curso médico sobre o ambiente educacional, incluindo o projeto pedagógico do curso, a relação com os professores e alunos, as relações sociais, o processo de avaliação. Será realizado por meio de entrevistas em profundidade, grupos focais e observação participante com alunos e professores.

A psicologia H.B. trabalha em ambulatório especializado no atendimento de usuários de drogas ilícitas e se inquieta com o número crescente de pacientes jovens do sexo feminino em condições de saúde piores do que os pacientes do sexo masculino. Propôs projeto com o objetivo de compreender a influência do gênero no consumo abusivo da droga entre adolescentes e jovens a ser desenvolvido por meio de entrevistas abertas com usuários do ambulatório.

O gestor em saúde H.C. observa em sua prática a dificuldade que indivíduos da população LGBT têm no acesso à saúde. Sua proposta de pesquisa é analisar a implantação da Política Nacional de Saúde para a população LGBT e desafios associados. Pretende entrevistar gestores e indivíduos da população LGBT e também desenvolver grupos focais com integrantes desse grupo.

4 Ciências Sociais e Aplicadas

A assistente social I.A. trabalha em escola de ensino médio e tem se deparado com frequência com casos de *bullying* contra adolescentes que não se comportam de acordo com o padrão heteronormativo da sociedade. Certa vez duas jovens namoradas foram agredidas na escola por seus pares do sexo masculino. O estudo proposto tem como objetivo analisar como os educadores lidam com os jovens das minorias sexuais dentro da escola e identificar propostas pedagógicas sobre o tema na escola. O estudo será desenvolvido por meio de entrevistas em profundidade com professores e educadores de escolas do ensino médio.

A advogada I.B. se inquieta com a não garantia dos direitos da população transexual, principalmente de crianças e adolescentes no ambiente escolar. Ela se pergunta qual a percepção dos educadores a respeito do que a escola deve proporcionar a esses alunos. Propôs a realização de estudo por meio de entrevistas abertas com educadores e pais de alunos transexuais.

A assistente social I.C. trabalha como conselheira tutelar em bairro com alto índice de violência doméstica contra crianças e adolescentes. Questiona-se sobre o que pode ser feito para reduzir esses índices e reflete sobre o papel da escola na proteção a essa população. Elaborou projeto com o objetivo de compreender a percepção de educadores sobre violência doméstica contra crianças e adolescentes, a implicação deles e da escola na identificação e enfrentamento desse tipo de violência. A pesquisa será desenvolvida por meio de entrevistas em profundidade com educadores de escolas públicas e privadas.

5 Engenharias

O engenheiro químico J.A. trabalha com o tratamento de resíduos sólidos e se inquietou com a forma como esses resíduos são gerenciados nos hospitais, pois o mau gerenciamento pode acarretar problemas de saúde e danos ao meio ambiente. Para isso, pretende realizar uma pesquisa através de entrevistas semiestruturadas com funcionários de um hospital de grande porte e observação participante do dia a dia do trabalho desses funcionários com o objetivo de compreender como o gerenciamento de resíduos é realizado.

A engenheira civil L.B. exerce suas funções na secretaria de obras e meio ambiente de um município de médio porte e gerencia o tratamento de lixo da cidade. Ela se pergunta sobre o efeito dos lixões na saúde de moradores de seu entorno. Elaborou projeto a ser realizado por meio de entrevistas com moradores de um bairro onde há cinco anos havia um lixão e este foi eliminado, e o local reurbanizado. Pretende avaliar se houve melhora da saúde da população local.

Considerações finais

Por fim, destaca-se que o caminho a ser trilhado para a inclusão dos métodos qualitativos nas pesquisas em diversos campos do conhecimento não é simples, mas é relevante, necessário e possível. Os estudos qualitativos têm potencial de revelar os significados das ações e interações humanas e, consequentemente, a possibilidade de compreender tanto a objetividade quanto a subjetividade presente em distintos problemas de investigação. As ações humanas são ao mesmo tempo objetivas e subjetivas e a Ciência precisa de ferramentas metodológicas capazes de conhecê-las e compreendê-las. Essas reflexões levam a crer ser fundamental o aprendizado dos métodos qualitativos em todas as áreas de conhecimento cujos seres humanos são objetos de pesquisa.

Referências

Dsane S. What is the best way to teach qualitative research? Researchgate [documento on-line; acesso em 10 jul 2014]. Disponível em https://www.researchgate.net/post/What_is_the_best_way_to_teach_qualitative_research?pli=1&loginT=koo67uSEmLmFM9L7aVa0YIJPGp7v0BdZ7wUSy4OqveTjWl3UgtTnkA**&uid=9e6c8f0e-8cb3-4654-a6b9-5f50a29adeec&cp=re221_sk_a_ey_p42&ch=reg

Taquette SR, Borges L. Reflexões sobre o ensino da metodologia de pesquisa qualitativa aplicada à saúde. V Seminário Internacional de Pesquisa e Estudos Qualitativos. 2018 [documento on-line; acesso em 21 mar 2019]. Disponível em https://sepq.org.br/eventos/vsipeq/documentos/55360424753/50

Taquette SR, Minayo MCS. Ensino-aprendizagem da metodologia de pesquisa qualitativa em medicina. Revista Brasileira de Educação Médica. 2015; 39(1): 60-67.

Taquette SR, Minayo MCS. Características de estudos qualitativos conduzidos por médicos: revisão da literatura. Ciência & Saúde Coletiva. 2014; 20(8): 2.423-2.430.

Whitley R. Introducing psychiatrists to qualitative research: a guide for instructors. *Academic Psychiatry*. 2009; 33(3): 252-255.

CULTURAL

Administração
Antropologia
Biografias
Comunicação
Dinâmicas e Jogos
Ecologia e Meio Ambiente
Educação e Pedagogia
Filosofia
História
Letras e Literatura
Obras de referência
Política
Psicologia
Saúde e Nutrição
Serviço Social e Trabalho
Sociologia

CATEQUÉTICO PASTORAL

Catequese
Geral
Crisma
Primeira Eucaristia

Pastoral
Geral
Sacramental
Familiar
Social
Ensino Religioso Escolar

TEOLÓGICO ESPIRITUAL

Biografias
Devocionários
Espiritualidade e Mística
Espiritualidade Mariana
Franciscanismo
Autoconhecimento
Liturgia
Obras de referência
Sagrada Escritura e Livros Apócrifos

Teologia
Bíblica
Histórica
Prática
Sistemática

REVISTAS

Concilium
Estudos Bíblicos
Grande Sinal
REB (Revista Eclesiástica Brasileira)

VOZES NOBILIS

Uma linha editorial especial, com importantes autores, alto valor agregado e qualidade superior.

VOZES DE BOLSO

Obras clássicas de Ciências Humanas em formato de bolso.

PRODUTOS SAZONAIS

Folhinha do Sagrado Coração de Jesus
Calendário de mesa do Sagrado Coração de Jesus
Agenda do Sagrado Coração de Jesus
Almanaque Santo Antônio
Agendinha
Diário Vozes
Meditações para o dia a dia
Encontro diário com Deus
Guia Litúrgico

CADASTRE-SE
www.vozes.com.br

EDITORA VOZES LTDA.
Rua Frei Luís, 100 – Centro – Cep 25689-900 – Petrópolis, RJ
Tel.: (24) 2233-9000 – Fax: (24) 2231-4676 – E-mail: vendas@vozes.com.br

UNIDADES NO BRASIL: Belo Horizonte, MG – Brasília, DF – Campinas, SP – Cuiabá, MT
Curitiba, PR – Fortaleza, CE – Goiânia, GO – Juiz de Fora, MG
Manaus, AM – Petrópolis, RJ – Porto Alegre, RS – Recife, PE – Rio de Janeiro, RJ
Salvador, BA – São Paulo, SP